궁극의 시모스 요리책

바다에서 식탁까지, 100 가지 건강 레시피로 해초와 해초의 세계 탐험

명호 길

목차

소개

해초와 해초의 놀라운 세계를 발견하게 될 궁극의 시모스 요리책에 오신 것을 환영합니다. 100 가지가 넘는 맛있고 혁신적인 레시피가 포함된 이 요리책은 이 영양이 풍부한 재료를 일상 요리에 통합하는 방법을 보여줍니다.

각 레시피에는 풀 컬러 사진이 함께 제공되므로 요리가 어떻게 보여야 하는지 정확히 확인할 수 있습니다. 또한 각 레시피를 준비하고 요리하는 방법에 대한 자세한 지침과 각 요리에 적합한 해초를 선택하는 방법에 대한 조언을 찾을 수 있습니다.

짭짤한 수프와 스튜에서 푸짐한 샐러드와 독창적인 스시 롤에 이르기까지 이 요리책은 전 세계 요리 여행으로 안내합니다. 또한 해초와 해초를 포함하는 스낵, 디저트, 심지어 칵테일에 대한 레시피도 찾을 수 있으므로 매 끼니마다 이 슈퍼 푸드의 이점을 즐길 수 있습니다.

해초 애호가이든 호기심 많은 초보자이든 이 요리책은 해초와 해초의 세계를 탐험하는 데 도움이 되는 가이드입니다. 영양이 풍부한 이 재료의 건강상의 이점과 식사의 풍미와 영양을 향상시키기 위해 요리에 사용하는 방법에 대해 배우게 됩니다.

기본 레시피

1. 바다이끼 젤

만들다: $\frac{1}{4}$ 컵

재료:

- $\frac{1}{4}$ 컵 담가 포장된 바다 이끼
- 여과수 1 컵

지침:

a) 부드럽고 크리미해질 때까지 강하게 블렌딩합니다. 덩어리가 없습니다!

b) 최대 10 일 동안 유리병에 넣어 냉장고에 페이스트를 보관합니다.

c) 아이스크림, 그레이비, 채소 빵, 감자 등에 사용하세요.

2. 바다이끼 껌

만들다: 1 컵

재료:

- 불린 바다이끼 1 컵(불리기 전 약 ½ 컵)
- 정제수 ½ 컵

지침:

a) 이끼를 물에 아주 잘 헹구는 것으로 시작

b) 이끼를 큰 병이나 그릇에 담아 물에 담근 후 3 시간에서 하룻밤 동안 카운터에 담가 두었다가 충분히 헹굽니다. 이끼는 오래 담가둘수록 더 맑고 뚱뚱해집니다. 바다 소금과 먼지를 제거하기 위해 그것을 사용하기 전에 아주 잘 헹굽니다.

c) 부드러워질 때까지 물과 이끼를 고속으로 섞습니다.

d) 페이스트는 냉장고의 유리병에 최대 10 일 동안 보관됩니다.

3. 바다끼 가루

만들다: 1 컵

재료:

- 바다 이끼 1 컵

지침:

a) 바다 이끼를 헹구고 청소하고 두드려 말립니다.

b) 정기적으로 확인하면서 탈수기 또는 낮은 설정의 오븐을 사용하여 해초를 말리십시오. 1~3 일 정도 햇볕에 말리셔도 됩니다.

c) 바다 이끼가 완전히 건조되면 커피 그라인더, 절구, 막자 또는 블렌더를 사용하여 가루로 갈아야 합니다.

d) 분말이 있으면 필요할 때 사용할 수 있도록 뚜껑이 있는 밀폐된 유리병에 보관하십시오. 해초 가루는 밀폐되고 건조한 곳에 보관하십시오.

4. 바다까우유

만들다: ½ 컵

재료:

- 다마씨 2 큰술
- 말린 바다 이끼 ½ 컵
- 생수 2 컵
- 코코넛 밀크 2 캔
- 바닐라 익스트랙 2 티스푼
- 아가베 2 큰술(취향껏)

지침:

a) 해이끼와 다마씨를 샘물에 6 시간 이상 담가둡니다.

b) 바다이끼, 다마씨, 샘물 반을 믹서기에 갈아줍니다.

c) 믹서기에 코코넛 밀크를 넣습니다.

d) 블렌더에 바닐라 추출물을 넣습니다.

e) 맛을 보고 아가베를 추가합니다.

아침

5. 비건 해초 팬케이크

구성 4 인분

재료:

- 바나나 1 개
- 사과 소스 $\frac{1}{2}$ 컵
- 계피 한 꼬집
- 해초 2 큰술
- 바닐라 추출물 1 큰술 (선택사항)

지침:

a) 모든 재료를 블렌더에 넣고 팬케이크 같은 농도가 될 때까지 갈아줍니다.

b) 팬에 기름을 두르고 팬케익을 앞뒤로 노릇노릇하게 튀겨줍니다.

6. 조식 바다이끼 아사이볼

구성 4 인분

재료:

- 바다 이끼
- 아사이베리 퓨레
- 그래놀라 $\frac{1}{2}$ 컵
- 마카 가루 2 큰술
- 카카오 가루 2 큰술
- 아몬드 버터 1 큰술
- 원하는 과일
- 시나몬

지침:

a) 재료를 섞고 상단에 신선한 과일을 추가합니다.

b) 즐기다.

7. 케토 토스트

구성 4 인분

재료:
- 바다이끼 젤 2 큰술
- 물 6 큰술
- 올리브 오일 또는 아보카도 오일 ½ 컵
- 코코넛 가루 ½ 컵
- 베이킹 파우더 1 티스푼
- 말린 파슬리 ½ 티스푼
- 양파 가루 ½ 작은술

지침:

a) 오븐이 섭씨 180 도로 예열되도록 하세요.

b) 물 4 큰술을 끓입니다. 끓으면 젤에 물을 저어주고 덩어리가 사라질 때까지 계속 저어줍니다.

c) 젤 믹스를 큰 그릇에 옮기고 나머지 재료와 섞습니다. 모든 재료가 부드러운 반죽 형태로 혼합될 때까지 함께 저어줍니다.

d) 베이킹 팬에 베이킹 페이퍼 또는 양피지를 깔고 반죽 혼합물을 고르게 펴 바릅니다.

e) 22~24 분 동안 또는 덩어리의 가장자리가 갈색이 될 때까지 굽습니다.

f) 금속 꼬챙이를 사용하여 중앙이 완전히 구워졌는지 확인하고 확인합니다.

g) 오븐에서 꺼내어 따로 놓고 20 분 동안 식힌 후 슬라이스합니다.

8. 바다이끼 스크램블 에그

구성 4 인분

재료:

소스

- 바다이끼 젤 2 큰술
- 야채 육수 또는 육수 3 큰술
- 카이엔 고추 $\frac{1}{2}$ 작은술
- 가람 마살라 $\frac{1}{4}$ 티스푼
- 갓 간 생강 $\frac{1}{2}$ 티스푼
- 히말라야 암염 $\frac{1}{2}$ 티스푼

두부 스크램블

- 큰 고추 $\frac{1}{2}$ 개
- 큰 양파 $\frac{1}{2}$ 개
- 파 1 개
- 10 중간 버섯
- 베이비 케일 1 컵
- 단단한 두부 250g 블록 1 개(또는 더 부드러운 스크램블 믹스를 위한 순두부)
- 원하는 식용유

선택적 계절 야채

- 서양 호박
- 브로콜리
- 콜리플라워
- 버튼 스쿼시

지침:

a) 두부 압착기(있는 경우)로 약 30 분 동안 두부를 압착합니다. 단단한 두부가 있는지 확인하십시오.

b) 이 작업은 약 10~15 분이 소요될 수 있으므로 매운 비건 스크램블 에그의 나머지 재료를 준비하는 동안 이 작업을 진행하세요. 묽은 혼합물을 피하기 위해 가능한 한 많은 물을 빼내십시오.

c) 두부를 누르는 동안 양파, 고추, 버섯, 대파를 다진다. 생강을 갈아서 소스 믹스를 위해 별도의 그릇에 따로 보관하십시오.

d) 팬을 데우고 원하는 식용유를 추가합니다. 나는 보통 올리브 오일이나 코코넛 오일을 선택하지만, 이와 같은 요리에서는 선택한 오일의 맛을 염두에 두십시오. 황금빛 갈색이 될 때까지 양파를 볶습니다.

e) 버섯을 넣고 물을 조금 떨어뜨려 졸여주세요. 다음으로 고추와 약간의 야채 육수 또는 국물을 추가합니다. 두부가 이것을 흡수하고 나중에 추가할 때 흐물흐물해지므로 너무 많은 액체를 추가하지 마십시오. 약한 불에서 2 분 동안 가끔 저어주면서 끓입니다. 야채 육수를 추가하기 전에 이것을 앉아서 유약을 바르면 고추의 식감과 풍미가 더 좋아질 것입니다.

f) 익힌 야채를 팬에서 꺼내 다음 단계를 위해 따로 보관합니다.

g) 두부를 덩어리 크기로 팬에 부숴 넣으면 접시에 질감이 더해집니다. 뜨거울 때까지 약간의 기름으로 두부를 볶습니다. 일반적으로 2~3 분 정도 소요될 수 있습니다.

h) 두부가 익는 동안 약간의 야채육수나 육수, 해초젤리를 넣고 양념장을 섞어주세요. 이것은 걸쭉한 소스와 거의 같은 농도여야 합니다. 이것이 잘 섞여 있는지 확인하십시오.

i) 팬의 두부 위에 소스를 붓고 이것을 저어 두부에 코팅하십시오. 소스가 걸쭉해지고 두부에 달라붙을 때까지 중불에서 계속 저어줍니다.

j) 소스가 걸쭉해지기 시작하면 야채를 팬에 다시 넣고 저어가며 재가열합니다.

k) 베이비 케일을 넣고 케일이 약간 시들 때까지 1 분 동안 저으면서 계속 가열합니다.

l) 맛있고 매운 비건 스크램블 에그를 다른 반주에 추가하세요.

9. 바다 이끼를 곁들인 코코넛 가루 팬케이크

분량: 2 인분

재료:

- $\frac{1}{4}$ 컵 코코넛 가루
- 바다이끼 젤 1 큰술
- 방목한 달걀 4 개, 실온 보관
- 1 큰 스푼. 부드러운 버터 또는 코코넛 오일
- 통조림 코코넛 밀크 $\frac{1}{2}$ 컵
- 팬용 코코넛 오일 또는 버터 기름

지침:

a) 노련한 무쇠 프라이팬이나 법랑 프라이팬을 중불로 가열하기 시작합니다.

b) 코코넛 가루와 바다 이끼 젤을 함께 휘젓습니다.

c) 부드러운 페이스트가 형성될 때까지 계란을 저어줍니다.

d) 버터/코코넛 오일이 섞일 때까지 저은 다음 코코넛 밀크를 추가합니다.

e) 코코넛 오일/버터 기름을 두른 뜨거운 프라이팬에서 팬케이크를 요리합니다.

f) 가장자리와 가운데가 불투명해 보일 때까지 익힌 다음 뒤집습니다.

스낵 및 애피타이저

10. 바다이끼를 곁들인 과일 스낵

분량: 12 인분

재료:

- 신선한 블루베리 4 컵
- 치아씨드 2 큰술, 간 것
- 계피 1 티스푼
- 데이트 페이스트 1 티스푼
- 레몬즙 1 티스푼
- 바닐라 추출물 1 큰술
- 바다이끼 젤 $\frac{1}{2}$ 컵

지침:

a) 양념 분쇄기에서 치아씨드를 가루로 빻습니다.

b) 고성능 블렌더에 모든 재료를 넣고 부드러워질 때까지 섞습니다. 치아씨드가 퓌레를 걸쭉하게 만들도록 10 분 동안 따로 둡니다.

c) 탈수기 또는 매우 낮은 오븐에 혼합물을 매우 얇게 펴 바르고 약 16 시간 동안 건조합니다. 랩을 반쯤 뒤집습니다.

d) 그림과 같이 왁스 종이로 말아서 원하는 대로 자릅니다.

11. 바다이끼 초콜릿 껍질

구성 20 개

재료:

- 12 온스 고급 초콜릿 칩 또는 다진 초콜릿
- 바다이끼 가루 2.5 큰술
- 대마씨 1 큰술
- 생 견과류 $\frac{1}{2}$ 컵
- 고지베리 2 큰술
- 히말라야 바다 소금 $\frac{1}{2}$ 작은술 (선택 사항)

지침:

a) 재료를 모으십시오. 초콜릿 껍질을 쉽게 조립할 수 있도록 재료를 준비하십시오.

b) 큰 전자레인지용 그릇에 초콜릿을 넣은 다음 전자레인지에서 30 초 간격으로 초콜릿을 녹이면서 각 간격 사이에 저어줍니다.

c) (초콜릿을 전자레인지에 1~2 분만 돌리고 싶을 수도 있지만 그렇게 하면 초콜릿이 제대로 녹지 않습니다. 이 단계에서 시간을 두고 30 초 간격으로 초콜릿을 녹입니다. 초콜릿을 꺼냅니다. 전자레인지에 넣고 각 간격 사이에 저어줍니다.)

d) 초콜릿이 완전히 녹으면 양피지를 깐 접시나 베이킹 시트에 초콜릿을 옮깁니다. 주걱을 사용하여 약 $\frac{1}{4}$ 인치 두께의 얇고 고른 층으로 초콜릿을 펴 바릅니다.

e) 토핑을 추가하십시오.

f) 접시(또는 베이킹 시트)를 냉장고로 옮기고 초콜릿이 굳도록 30 분 정도 둡니다. 나는 다음 단계로 이동하기 전에 마지막 5 분 동안 내 초콜릿을 냉동실에 넣는 것을 좋아합니다.

g) 초콜릿이 굳으면 한 입 크기로 부술 수 있습니다. 나는 칼을 사용하여 초콜릿을 더 쉽게 부술 수 있도록 가운데를 따라 움푹 들어간 곳을 만드는 것을 좋아합니다.

h) 당신의 초콜릿을 즐기십시오. 남은 초콜릿 껍질은 밀폐 용기에 담아 냉장고에 최대 일주일 동안 보관하세요.

12. 호박 케이크 바이트

분량: 4 인분

재료:

건조 성분

- 건조 코코넛 1 $\frac{1}{2}$ 컵
- 생 아몬드 1 컵
- $\frac{1}{2}$ 컵 생 호두
- $\frac{1}{2}$ 컵 코코넛 설탕 가루
- 황금 아마씨 가루 $\frac{1}{4}$ 컵
- 메스키트 가루 1 큰술 (선택사항)
- 호박 양념 1 작은술
- 계피 $\frac{1}{2}$ 작은술
- 하이 미네랄 솔트 $\frac{1}{8}$ 티스푼

젖은 성분

- 바다 이끼 페이스트 $\frac{1}{4}$ 컵
- 익힌 호박 퓨레 또는 통조림 $\frac{1}{4}$ 컵
- 녹인 코코넛 오일 2 큰술
- 바닐라 익스트랙 1 티스푼
- 꿀 1 티스푼

지침:

a) 밀가루가 형성될 때까지 푸드 프로세서에서 건조한 재료를 가공합니다.

b) Sea Moss 페이스트를 제외한 젖은 재료를 넣고 섞일 때까지 가공합니다.

c) Sea Moss 페이스트를 추가하고 반죽이 형성될 때까지 가공합니다.

d) 그릇에 반죽을 넣고 공 모양으로 만든 다음 잘게 썬 코코넛을 굴립니다.

e) 30 분 동안 냉장고에 넣고 즐기세요

13. 고단백 젤라틴 스낵 컵

분량: 4 인분

재료:
- 물 ½컵
- 바다이끼 젤 1 큰술
- 1½ 컵 Cabot 저지방 바닐라 콩 그리스
- ½ 컵 Cabot 유장 단백질 분말
- 다진 신선한 딸기 또는 전체 블루베리 1 컵

지침:
a) 전자레인지용 계량 컵이나 그릇에 물과 해초 젤을 넣고 잘 섞일 때까지 끈으로 묶습니다. 2 분 동안 또는 젤라틴이 녹을 때까지 전자레인지에 돌립니다.

b) 요거트와 유청 단백질 파우더를 넣고 부드러워질 때까지 휘젓습니다.

c) 얕은 팬이나 플라스틱 용기에 컵을 놓습니다.

d) 각 컵에 젤라틴 혼합물 ¼컵을 채웁니다. 각각에 과일 2 큰술을 추가합니다.

e) 플라스틱 랩이나 뚜껑으로 덮고 약 1 시간 동안 굳을 때까지 냉장 보관합니다.

14. 슈퍼푸드 에너지 바이트

만들다: 12 공

재료:

- 대추 2 컵을 씨를 빼고 물에 10 분 동안 담가둔다.
- 무가당 잘게 썬 코코넛 1 컵
- 신선한 아기 시금치 1 컵
- 녹인 코코넛 오일 2 큰술
- 바다 소금 1 티스푼
- 바다 이끼 젤 2 큰술
- 계피 1 $\frac{1}{2}$ 티스푼
- 캐롭 가루 또는 코코아 가루 $\frac{1}{4}$ 컵
- 잘게 썬 코코넛 $\frac{1}{4}$ 컵

지침:

a) 푸드 프로세서에 대추야자, 잘게 썬 코코넛, 시금치, 코코넛 오일을 넣고 잘 섞일 때까지 갈아줍니다.

b) 그런 다음 바다 이끼 젤, 계피, 바다 소금을 넣고 잘 섞일 때까지 펄싱합니다.

c) 쿠키 도우 스쿱이나 큰 스푼을 사용하여 혼합물을 공 모양으로 떠서 만드십시오. 원하는 경우 캐롭 가루, 코코아 가루 또는 잘게 썬 코코넛으로 에너지 바이트를 굴립니다.

d) 그런 다음 공을 줄을 댄 쿠키 시트에 놓고 약 1 시간 동안 또는 단단해질 때까지 냉동실에 넣습니다.

e) 최대 일주일 동안 냉장고에 보관하십시오.

씨모스 치즈

15.　차별하다

만들다: 2 컵

재료:

- 생 캐슈 $1\frac{1}{2}$ 컵
- 바다이끼 $\frac{1}{4}$ 컵
- 여과수 $\frac{1}{2}$ 컵
- 정제된 코코넛 오일 1 티스푼
- 병에 담긴 치폴레 칠리 $\frac{1}{2}$ 티스푼과 병에 든 오일 1 큰술
- 켈트 바다 소금 $\frac{1}{2}$ 티스푼, 취향에 따라 추가
- 영양 효모 2 큰술

지침:

a) 작은 그릇에 캐슈를 정수된 물에 담급니다. 덮고 밤새 냉장 보관하십시오.

b) 모래가 모두 제거되고 바다 냄새가 사라질 때까지 해이끼를 소쿠리에 잘 헹굽니다. 그런 다음 작은 그릇에 물을 담습니다. 덮고 밤새 냉장 보관하십시오.

c) 바다이끼의 물기를 빼고 물과 함께 믹서기에 넣습니다. 1 분 동안 또는 유화될 때까지 고속으로 사용합니다. 2 큰 술을 측정하고 나머지는 예약하십시오.

d) 캐슈를 배수하십시오. 블렌더의 깨끗한 투수에 캐슈, 유화된 바다이끼, 코코넛 오일, 치폴레 칠리, 치폴레 오일, 소금, 영양 효모를 넣습니다. 부드러워질 때까지 중간 속도로 사용합니다.

e) 소금은 입맛에 맞게 조절하세요. 포장하기 전에 혼합물을 타말레의 중앙에 숟가락으로 담으십시오.

16. 캐슈 블루 치즈

만든다: 1 블록

재료:

- 생 캐슈 2 컵
- 바다이끼 $\frac{1}{4}$ 컵
- 여과수 $\frac{1}{2}$ 컵
- 영양 효모 1 큰술 켈트 바다 소금 1$\frac{1}{2}$ 작은술
- 정제된 코코넛 오일 2 티스푼
- 마늘 가루 1 티스푼
- 유산균 1 캡슐(30 억 활성 배양 균주)
- 아쿠아파바 $\frac{1}{4}$ 컵
- $\frac{1}{2}$ 티스푼 가루 스피루리나 또는 냉동 살아있는 스피루리나

지침:

a) 캐슈를 작은 투수에 담긴 여과수에 넣습니다. 덮고 밤새 냉장 보관하십시오.

b) 모래가 모두 제거되고 바다 냄새가 사라질 때까지 바다이끼를 소쿠리에 잘 헹굽니다. 그런 다음 작은 그릇에 여과수를 담습니다. 덮고 밤새 냉장 보관하십시오.

c) 바다이끼의 물기를 빼고 물과 함께 믹서기에 넣습니다. 1 분 동안 또는 유화될 때까지 고속으로 사용합니다. 2 큰 술을 측정하고 나머지는 예약하십시오.

d) 캐슈를 배수하십시오. 블렌더의 깨끗한 피쳐에 캐슈, 유화된 바다이끼, 영양 효모, 소금, 코코넛 오일, 마늘 가루, 유산균 및 아쿠아파바를 넣습니다.

e) 플런저를 사용하여 혼합물이 고르게 분포되도록 중간 속도로 혼합합니다. 혼합물을 치즈 몰드로 옮깁니다.

f) 치즈 위에 스피루리나를 뿌리고 작은 주걱으로 마블링을 만듭니다. 과도하게 혼합하지 마십시오. 그렇지 않으면 치즈가 녹색으로 변합니다.

g) 치즈 몰드를 탈수기에 넣고 화씨 90 도에서 24 시간 동안 탈수합니다. 밤새 냉장 보관하십시오.

h) 최대 3 주 동안 가습기 또는 와인 쿨러에 서빙하거나 보관하십시오.

17.   풍부한 카슈 리코타

만들다: 2 컵

재료:

- 생 캐슈 2 컵
- 바다이끼 $\frac{1}{4}$ 컵
- 여과수 $\frac{3}{4}$ 컵
- 리쥬벨락 1 티스푼
- 신선한 레몬 주스 2 티스푼
- 아쿠아파바 2 큰술
- 켈트 바다 소금 1 티스푼

지침:

a) 작은 그릇에 캐슈를 정수된 물에 담급니다. 덮고 밤새 냉장 보관하십시오.

b) 모래가 모두 제거되고 바다 냄새가 사라질 때까지 바다이끼를 소쿠리에 잘 헹굽니다. 그런 다음 작은 그릇에 물을 담습니다. 덮고 밤새 냉장 보관하십시오.

c) Sea Moss 의 물기를 빼고 물 $\frac{1}{2}$ 컵과 함께 믹서기에 넣습니다. 1 분 동안 또는 유화될 때까지 고속으로 사용합니다. 2 큰 술을 측정하고 나머지는 예약하십시오.

d) 블렌더의 깨끗한 그릇에 캐슈, 유화된 해초, 리쥬벨락, 남은 물 $\frac{1}{4}$ 컵, 소금을 넣습니다. 플런저를 사용하여 혼합물이 고르게 분포되도록 중간 속도로 혼합하고 모든 것이 잘 섞일 때까지 멈췄다가 다시 시작합니다.

e) 치즈를 8 안치의 고운 무명천 중앙으로 옮깁니다. 가장자리를 모아 끈으로 묶습니다.

f) 무명천 다발을 탈수기에 넣고 화씨 90 도에서 24 시간 동안 탈수합니다.

g) 치즈를 푸드 프로세서의 그릇에 옮기고 질감이 가볍고 푹신할 때까지 펄스합니다.

18. 수제 바다이끼 치즈

만든다: 1 블록

재료:

- ¼ 컵(카라긴) 해초
- 물 2 컵
- 1 쿼트 사워 식물성 우유
- 셀러리 씨앗 가루 1 티스푼
- 조림 및 퓌레로 만든 토마토 1 컵
- 다진 파슬리 1 큰술

지침:

a) 해초와 물을 끓입니다.

b) 시원한.

c) 신 식물성 우유와 섞으십시오.

d) 모슬린 백에 붓습니다.

e) 유청을 배출하십시오.

f) 단단한 치즈를 그릇에 비웁니다.

g) 나머지 재료를 치즈에 넣습니다.

h) 얕은 팬으로 바꾸십시오.

i) 설정되면 사각형으로 자릅니다.

19. 비건 모짜렐라 치즈

분량: 1.5 컵

재료:

- 생 캐슈 $\frac{1}{2}$ 컵 + 덮을 끓는 물
- 무가당 플레인 비건 요거트 $\frac{3}{4}$ 컵
- 찬물 $\frac{1}{2}$ 컵
- 정제된 코코넛 오일 $\frac{1}{4}$ 컵(녹여서 실온으로 식힘)
- 백식초 1 큰술
- 영양 효모 1 큰술
- 흰된장 1 큰술
- 소금 1 과 $\frac{1}{4}$ 티스푼
- 마늘 소금 $\frac{1}{2}$ 작은술
- 타피오카 전분 가루 3 과 $\frac{1}{2}$ 큰술
- 바다 이끼 젤 1 큰술

지침:

a) 먼저 치즈 몰드를 위해 용기를 따로 보관하십시오.

b) 이제 캐슈를 작은 그릇에 넣고 끓는 물로 덮습니다. 따로.

c) 다음으로 모든 재료를 믹서기에 넣고 물기를 뺀 다음 캐슈넛을 넣습니다.

d) 치즈 혼합물을 2 분 동안 또는 크림처럼 부드러워질 때까지 혼합합니다.

e) 중간 크기의 바닥이 두꺼운 소스 냄비에 붓습니다.

f) 계속 휘젓는 동안 치즈 혼합물을 중불에서 끓입니다. 거품이 나기 시작하면 2 분간 계속 저어줍니다. 울퉁불퉁해지고 끈적거리고 늘어납니다.

g) 주걱을 잡고 모짜렐리를 치즈 틀에 재빨리 붓습니다. 즉시 설정되기 시작하므로 빠르게 작업하십시오.

h) 비건 모짜렐리를 뚜껑을 덮지 않은 상태로 냉장고에 2 시간 이상 넣어 굳힙니다.

i) 냉장고에서 치즈 블록을 꺼낸 후 종이 타월로 싸서(수분 제거에 도움이 됨) 다시 용기에 넣고 뚜껑을 덮어 냉장 보관합니다.

j) 즐기다!

20.   콜리플라워 잭 비건 치즈

만드는 것 1 파운드

재료:

- 콜리플라워 작은 꽃 2 컵(10 온스)
- 물
- 바다이끼 젤 4 큰술
- 액화한 유기농 정제 코코넛 오일 3 큰술
- 신선한 라임 주스 1 티스푼
- 바다 소금 1 티스푼
- 영양 효모 2 큰술
- 양파 가루 1 티스푼
- 알갱이 마늘 가루 1 티스푼
- 다진 신선한 골파 $\frac{1}{4}$ 컵

지침:

a) 콜리플라워를 물 몇 인치 위에 매달린 바구니 찜통에 넣습니다. 부드러워 질 때까지 중불로 덮고 요리하십시오. 그 물의 $\frac{3}{4}$ 컵을 비축하십시오.

b) 바다 이끼 젤을 그릇에 넣은 다음 남겨둔 콜리플라워 물을 넣고 휘저어 섞습니다.

c) 찐 콜리플라워, 코코넛 오일, 라임 주스, 바다 소금, 영양 효모, 양파 가루, 마늘 가루를 믹서기에 넣고 섞습니다. 부드러워 질 때까지 퓌레.

d) 믹서기에 해초 혼합물을 추가합니다. 완전히 섞일 때까지 퓌레로 만든 다음 혼합물을 그릇에 부어 골파를 접을 수 있습니다.

e) 코코넛 오일을 조금 더 사용하여 치즈 혼합물을 담을 수 있을 만큼 큰 용기에 가볍게 기름을 바른 다음 혼합물을 붓고 플라스틱 랩으로 덮습니다.

f) 서빙하기 전에 4 시간 동안 또는 단단해질 때까지 냉장 보관합니다.

21. 팔레오 치즈

만든다: 6

재료:

- 코코넛 밀크 1 $\frac{1}{2}$ 컵
- 코코넛 가루 또는 타피오카 가루 3 큰술
- 바다이끼 젤 2 큰술
- 사과 사이다 식초 2 작은술
- 파프리카 2 작은술
- 양파 가루 1 티스푼
- 강황 1 티스푼
- 소금 한 꼬집

지침:

a) 작은 그릇에 마른 재료를 모두 넣고 휘저어 섞습니다.

b) 한편 냄비에 중불로 달구고 코코넛 밀크를 끓입니다.

c) 코코넛 밀크에 식초를 넣고 1 분 동안 휘젓습니다.

d) 열을 중불로 낮추십시오.

e) 마른 재료를 냄비에 넣고 부드러워질 때까지 1 분 더 계속 휘젓습니다.

f) 냄비를 불에서 내리고 1 분 동안 계속 저어줍니다.

g) 치즈를 실리콘 몰드에 붓고 냉장고에 2 시간 이상 넣어 굳힙니다.

메인 코스

22. 김밥

만든다: 4

재료:

- 바다이끼 탈수 25g
- 쌀 400g
- 작은 부추 3 개
- 토마토 1 개
- $\frac{1}{2}$ 고추
- 당근 1 개
- 마늘 2 쪽
- 칠리 1 개
- 2 종이 사프란
- 올리브유
- 물
- 소금

지침:

a) 약간의 기름에 마늘, 부추, 작게 다진 후추를 칠리와 함께 볶습니다.

b) 부드러워지기 시작하면 칠리(선택 사항)를 제거하고 잘게 썬 토마토와 당근을 넣습니다.

c) 모든 것이 튀겨지면 쌀과 함께 익을 것이기 때문에 물기를 제거한 미역을 넣으십시오.

d) 밥을 넣고 살짝 볶아주세요.

e) 마지막으로 사프란 두 봉지에 뜨거운 물을 붓습니다.

f) 미역이 소금을 제공하므로 적당히 간을 하고 물이 증발할 때까지 끓입니다.

g) 20 분 이상 끓이면 안 되며, 미역은 그 이상 끓이면 맛이 너무 살아나므로 삼가한다.

23.   구운 고추 스파게티 스쿼시

만든다: 4

재료:

- 1 큰 스파게티 스쿼시
- 구운 고추 1 개
- 브라질너트 1 컵
- 버섯 1~2 주먹
- 단양파 $\frac{1}{4}$ 개(아보카도 오일과 소금에 절임)
- 생수 1 $\frac{1}{2}$ 컵
- 바질 1 큰술
- 양파 가루 1 티스푼
- 카이엔 1 티스푼(선택 사항)
- 소금과 후추 맛
- 플레인 바다이끼 젤 2~3 큰술

지침:

a) 오븐을 400°F 로 예열합니다.

b) 스파게티 스쿼시를 반으로 자르고 씨를 제거하십시오.

c) 소량의 아보카도 오일로 내부를 닦고 소금과 후추를 뿌립니다.

d) 자른 면이 아래로 향하도록 베이킹 시트에 스쿼시를 놓고 스파게티 국수가 쉽게 분리될 때까지 45 분 동안 굽습니다.

e) 스쿼시가 익는 동안 후추, 브라질 너트, 물, 향신료를 믹서기에 넣고 부드러워질 때까지 갈아줍니다. 따로.

f) 프라이팬에 버섯을 볶고 일부는 장식용으로 남겨둡니다.

g) 프라이팬에 소스를 넣고 10 분간 끓인다.

h) 스쿼시가 거의 완성되면 오븐에서 꺼내서 뒤집습니다.

i) 소스가 스쿼시에 스며들 수 있도록 스쿼시를 부드럽게 부풀립니다.

j) 두 스쿼시 보트에 소스를 조심스럽게 붓고 오븐에 15-20 분 동안 다시 넣습니다.

k) 더 많은 바질과 버섯을 얹습니다.

l) 뜨겁게 서빙하십시오.

24.   퀴노아 방울양배추 샐러드

만드는 것 2 인분

재료:

- 잘 헹구고 익힌 마른 퀴노아 $\frac{1}{2}$ 컵
- 1 파운드의 브뤼셀 콩나물은 깨끗이 씻어서 반으로 자르고 부드러워질 때까지 찌거나 익힙니다.
- 익힌/구운 밤 슬라이스 10 개
- 다진 파슬리 $\frac{1}{4}$ 컵
- 말린 크랜베리 또는 다진 말린 살구 $\frac{1}{4}$ 컵
- 캐러멜 처리한 큰 붉은 양파 1 개
- 맛볼 바다 소금과 후추
- 한입 크기로 찢은 말린 전체 잎 바다 이끼 $\frac{1}{2}$ 컵

오렌지 머스타드 드레싱

- 즙을 낸 중간 크기의 오렌지 1 개
- 오렌지 제스트 1 티스푼
- 메이플 시럽 1 큰술
- 순한 머스타드 2 작은술
- 신선한 레몬 주스 1 큰술

지침:

a) 큰 그릇에 샐러드 재료를 모두 넣습니다.

b) 작은 병이나 그릇에 드레싱 재료를 섞습니다.

c) 샐러드 위에 붓고 잘 섞는다.

25. 아보카도 살사를 곁들인 구운 연어 타코

만든다: 4

재료:

- 훈제 파프리카 1 큰술
- 간 커민 2 작은술
- 껍질을 벗긴 연어 살코기 4 개
- 천연 요거트 200g
- 다진 마늘 1 쪽
- 잘 익은 아보카도 2 개, 껍질을 벗기고 깍둑썰기
- 잘게 썬 붉은 양파 1 개
- 씨를 제거하고 잘게 썬 큰 토마토 2 개
- 라임 2 개, 즙 1 개, 쐐기로 자른 것 1 개
- 다진 고수풀 작은 팩
- 타코 껍질 8 개
- 일반 해초 젤 2 큰술

지침:

a) 그릴을 최고로 가열하고 큰 베이킹 트레이에 호일을 깔아줍니다.

b) 작은 그릇에 훈제 파프리카와 커민을 섞습니다. 연어 팔레 위에 향신료를 문질러 베이킹 트레이에 올려 놓으십시오. 완전히 익을 때까지 8-10 분 동안 그릴 아래에서 팝니다.

c) 연어가 익는 동안 요거트와 해초 젤을 마늘과 섞고 입맛에 맞게 간을 합니다. 다른 그릇에 아보카도, 양파, 토마토를 섞습니다. 라임 주스를 넣고 간을 한 다음 고수를 뿌립니다.

d) 포장 지침에 따라 오븐에서 타코 쉘을 데우십시오. 연어를 얇게 썰어 타코, 아보카도 살사, 요거트, 라임 워지와 함께 제공합니다.

26. 이끼 트위스트를 곁들인 새우 스캄피

분량: 4 인분

재료:

- 버터 2 큰술
- 엑스트라 버진 올리브 오일 2 큰술
- 다진 마늘 4 쪽
- ½ 컵 드라이 화이트 와인 또는 국물
- ¾ 티스푼 코셔 소금, 또는 취향에 따라
- 플레인 바다이끼 젤 2~3 큰술
- ⅛ 티스푼 으깬 고추 조각, 또는 취향에 따라
- 갓 간 후추
- 껍질을 벗긴 대형 또는 초대형 새우 1 ¾ 파운드
- ⅓ 다진 파슬리 컵
- 반 레몬의 갓 짜낸 주스
- 익힌 파스타 또는 딱딱한 빵

지침:

a) 큰 프라이팬에 올리브 오일로 버터를 녹입니다. 마늘을 넣고 향이 날 때까지 약 1 분간 볶습니다.

b) 와인이나 국물, 소금, 고춧가루, 후추를 듬뿍 넣고 끓인다. 와인을 반으로 줄여 약 2 분 동안 둡니다.

c) 새우를 넣고 크기에 따라 2~4 분 정도 분홍색으로 변할 때까지 볶습니다.

d) 파슬리, 바다 이끼 젤, 레몬 주스를 넣고 저어 파스타나 딱딱한 빵과 함께 제공합니다.

27.　알칼리성 스파게티

만든다: 4

재료:

- 삶은 파스타 1 인분
- 바다이끼 2 온스
- 올리브 오일 $\frac{1}{2}$ 컵
- 토마토소스 2 컵
- 바다 소금 4 큰술
- 양파 가루 1 $\frac{1}{2}$ 큰술
- 카이엔/고추 가루 2 큰술
- 생 아가베 3 큰술

지침:

a) 팬에 올리브 오일, 토마토 소스, 천일염, 양파 가루, 카이엔/고추 가루, 생 아가베를 넣습니다.

b) 중불에서 10 분 동안 가열 소스

c) 파스타를 소스에 저어

d) Sea Moss 젤을 천천히 섞습니다.

e) 5 분 동안 그대로 둡니다.

28.   뜨거운 채소 랩

만든다: 4

재료:

- 다진 토마토 3 컵
- 양파 2 컵
- 다진 피망 1 컵
- 다진 버섯 $\frac{1}{2}$ 컵
- 따뜻한 스펠트 토르티야
- 플레인 바다이끼 젤 2~3 큰술

지침:

a) 토르티야를 제외한 모든 재료를 5 분간 볶는다

b) 스펠트 토르티야를 데웁니다.

c) 토르티야에 야채를 채우고 돌돌 말아주세요.

29. 스펠트 라자냐

만든다: 4

재료:

- 다진 붉은 피망 1 개
- 다진 노란 양파 1 개
- 올리브 오일 2 큰술
- 일반 바다 이끼 젤 3 큰술
- 베이 리프, 부서진
- 스펠트 라자냐 파스타
- 2 파운드, 버섯
- 신선한 토마토 8 개
- 아몬드 체다 치즈
- 취향에 따라 오레가노
- 맛을 내기 위해 바다 소금

지침:

토마토 소스

a) 프라이팬을 가열하고 올리브 오일을 추가합니다.

b) 프라이팬에 양파, 피망, 오레가노, 천일염, 월계수 잎을 넣고 볶습니다.

c) 토마토를 10 분간 삶는다

d) 얼음물에 5 분간 담가 두었다가 물기를 빼고 토마토 껍질을 제거한다.

e) 믹서기에 토마토와 바다 이끼 젤을 섞습니다.

f) 볶은 양념과 함께 프라이팬에 토마토 혼합물을 추가합니다.

g) 30~45 분간 끓인다

h) 소스의 절반은 버섯 소스를 만들 때 사용할 소스이고, 나머지 절반은 겹칠 때 사용할 소스입니다.

버섯 소스

i) 표고버섯은 물에 담가 1 분간 불린 후 물기를 뺀 후 썰어주세요

j) 간을 맞춰 2 분 동안 볶고 저장한 소스의 $\frac{1}{2}$을 추가하고 레이어링을 위해 따로 둡니다.

파스타

k) 지침에 따라 파스타를 준비하십시오.

l) 파스타가 완성되면 찬물에 담가서 다루기 쉽도록

m) 토마토 소스를 곁들인 깊은 베이킹 접시를 겹겹이 쌓습니다.

n) 그 위에 파스타를 얹고 버섯 소스를 얹는다.

o) 그런 다음 아몬드 체다 층을 추가하십시오.

p) 접시가 거의 가득 찰 때까지 단계를 반복합니다.

q) 나머지 아몬드 체다 치즈 위에 소스 2 컵을 얹습니다.

r) 350 도로 예열한 오븐에 아몬드 체다 치즈가 녹을 때까지 20 분간 굽는다

30. 설탕에 절인 버터넛 스쿼시

분량: 6-8 인분

재료:

- 껍질을 벗기고 깍둑썰기한 버터넛 스쿼시 3 파운드
- 호박 파이 향신료 1 작은술
- 계피 $\frac{1}{2}$ 작은술
- 바닐라 익스트랙 1 티스푼
- 사과 사이다 2 큰술
- 메이플 시럽 $\frac{1}{4}$ 컵
- 일반 바다 이끼 젤 1 큰술
- 말린 크랜베리 $\frac{1}{4}$ 컵(선택 사항)
- 다진 피칸 $\frac{1}{4}$ 컵(선택 사항)

지침:

a) 오븐을 350 도로 예열합니다.

b) 껍질을 벗기고 큐브 스쿼시를 큰 그릇에 담습니다.

c) 호박 파이 향신료, 바닐라, 사과 사이다, 메이플 시럽, 바다 이끼 젤 및 오일을 추가합니다.

d) 완전히 섞일 때까지 저어줍니다.

e) 큰 주철 프라이팬이나 베이킹 시트로 옮깁니다.

f) 20 분 동안 또는 스쿼시가 부드러워질 때까지 굽습니다.

g) 서빙 그릇에 옮기고 사용하는 경우 크랜베리와 피칸과 함께 버무립니다.

수프와 키레

31. 슬로우 쿠커 비건 뼈 국물

분량: 6 컵

재료:

- 민들레잎 1 컵
- 말린 표고버섯 2 컵
- 엄지손가락 크기의 생강 한 조각
- 바다이끼 젤 $\frac{1}{4}$ 컵
- 건조하거나 신선한 월계수 잎 3 장
- 말린 다시마 1 컵
- 소수의 고수 또는 고수
- 생수 10 컵

지침:

a) 모든 야채, Sea Moss Gel, 바다 소금을 슬로우 쿠커에 넣습니다.

b) 샘물을 붓고 약불에서 8 시간 끓인다.

c) 요리가 끝나면 큰 유리 그릇 위에 체를 놓고 체를 통해 그릇에 국물을 붓습니다.

d) 집에서 만든 비건 육수를 깨끗한 메이슨 유리병에 담아 냉장고에 5~7 일 동안 보관하세요. 아이스 큐브 트레이에서 최대 3 개월 동안 얼릴 수 있습니다.

e) 이 비건 사골 국물을 그대로(하루 $\frac{1}{2}$ 컵) 마시거나 집에서 만든 수프와 퀴노아에 첨가할 수 있습니다.

f) 식으면 걸쭉해집니다.

32.   바다 이끼를 곁들인 병아리콩 카레

만든다: 4

재료:
- 다진 버터넛 스쿼시 2 컵
- 다진 케일 2 컵
- 삶은 병아리콩 1 컵
- 코코넛 오일 또는 포도씨 오일 2 큰술
- 중간 양파 1 개, 잘게 썬 것
- 다진 매실 토마토 1 개
- 큰 마늘 2 쪽
- 코코넛 밀크 ½ 캔 + 물 1 컵
- 카레 향신료 블렌드 2 작은술
- 플레인 바다이끼 젤 2~3 큰술
- 소금 1 티스푼
- 라임 주스 1 큰술
- 다진 실란트로 2 큰술, 장식용으로 더 추가
- 카이엔 고추 또는 붉은 고추 플레이크

지침:

a) 재스민 쌀 2 컵, 물 3 컵, 소금을 넣고 부드러워질 때까지 삶습니다.

b) 오일을 가열하고 양파가 반투명해질 때까지 익힙니다.

c) 마늘, 토마토, 소금, 카레 블렌드, 후추를 넣습니다. 약 3 분간 조리합니다.

d) 버터넛과 병아리콩을 넣고 양념으로 코팅될 때까지 저어줍니다.

e) 코코넛 밀크와 물을 넣습니다. 잘 섞이도록 저어주세요. 스쿼시가 익을 때까지 15 분간 뚜껑을 덮고 끓입니다. 때때로 저어. 필요한 경우 물을 추가하십시오.

f) 케일, 실란트로, 해초 젤, 라임 주스, 소금을 넣습니다. 케일이 시들지만 너무 익히지는 않을 때까지 약 10 분 더 익힙니다.

g) 좋아하는 그릇에 담고 고수와 라임 주스를 얹습니다.

33. 카레 콘치

만든다: 4

재료:

- 농축 코코넛 밀크 2 컵
- 바다이끼 2 온스
- 껍질을 벗기고 깨끗이 씻은 후 연하게 만든 소라 1½ 파운드
- ¼ 컵 코코넛 오일
- 버터 3 큰술
- ¾ 큰 붉은 양파
- 잘게 썬 스카치 보닛 후추 ½ 개
- 마늘 10 쪽
- ¼ 컵 코코넛 오일
- 카레가루 3 큰술
- ⅓ 잘게 썬 신선한 실란트로 컵
- 소금 후추

지침:

a) 연유 코코넛 밀크와 바다 이끼를 섞습니다. 냉장고에서 식히십시오.

b) 소라를 큰 냄비에 넣고 물로 2 안치 정도 덮습니다. 버터 2 큰술을 넣고 센 불에서 거품이 올라오는 것을 보면서 끓입니다.

c) 소라가 부드러워질 때까지 약 40 분간 끓인 다음 물에 식힙니다.

d) 소라를 제거하고 한입 크기로 자릅니다. 냄비에 주스를 저장하십시오.

e) 달군 코코넛 오일을 두른 팬에 양파, 고추, 다진 마늘, 스카치 보닛 고추를 볶습니다.

f) 야채에 카레가루를 넣고 5 분간 더 끓인다.

g) 요리 주스 1 컵과 다진 소라를 넣고 15 분 동안 요리하십시오.

h) 코코넛과 해초 혼합물을 한 국자씩 천천히 섞습니다.

i) 실란트로를 곁들인 서빙 및 상판

34.   바다이끼를 곁들인 콩치이

만든다: 4

재료:
- 양파 1 개
- 3 마늘 정향
- 다진 토마토 1 개
- 토마토 퓨레 2 큰술
- 붉은 강낭콩 1 컵
- ½ 컵 버터 콩
- ½ 컵 핀토 콩
- 노란색/피망 1 컵
- 바다 이끼 젤 2 온스
- 신선한 고추 1 개
- 리퀴드 아미노 2 큰술
- 커민 가루 ½ 티스푼
- 고수 가루 ½ 티스푼
- ½ 큐브 이스트 프리 야채 육수
- 히말라야 솔트 & 블랙페퍼

지침:

a) 콩과 채소를 여과수로 씻은 다음 양파와 고추를 잘게 썬다.

b) 냄비에 알칼리수 50ml 를 데우고 미역젤리, 양파, 마늘, 고추를 넣고 부드러워질 때까지 찐다.

c) 콩, 소금, 후추를 넣습니다. 5 분간 조리합니다.

d) 다진 토마토, 퓨레, 칠리, 커민, 고수, 아미노를 넣고 육수 큐브에 부순다.

e) 잘 저어가며 뚜껑을 덮고 약불에서 20 분간 익혀주세요.

f) 맛을 보고 원하는 만큼 양념을 추가합니다.

g) 현미와 함께 제공하십시오.

35. 연근 버섯 수프

만든다: 4

재료:

- 깨끗이 씻어 덩어리로 자른 연근 340g
- 해초 40g
- 중국 버섯 8 조각
- 말린 굴 8 조각
- 맑은 치킨 스톡 2 리터

지침:

a) 표고버섯은 불려서 꼭지를 깨끗이 잘라주세요.

b) 말린 굴과 해초는 불려서 깨끗이 씻는다.

c) 스톡 냄비에 모든 재료를 넣고 끓입니다.

d) 불을 약하게 하고 2 시간 동안 끓인다.

e) 소금으로 간을 합니다.

36.   식물성 비건 해초 수프

만든다: 4

재료:

- 1 ½ 컵 불린 (하룻밤) 렌즈 콩
- (하룻밤 동안) 건조한 바다 이끼 ½ 컵
- 올리브 오일 2 큰술
- 붉은 양파 2 개
- 다진 마늘 1 티스푼
- 당근 3 개
- 셀러리 2 줄기
- 으깬 토마토 3 ½ 컵
- 소금 ½ 작은술
- 후추 ½ 작은술
- 월계수 잎 2 장
- 채소 줄기 7 컵
- 파슬리 1 줄기
- 파프리카 ½ 작은술

지침:

a) 모든 야채를 잘게 다져주세요.

b) 팬에 올리브유를 두르고 마늘과 양파를 볶는다.

c) 잠시 볶은 후 다른 야채를 넣습니다.

d) 소금을 넣고 야채가 부드러워질 때까지 볶습니다.

e) 이제 으깬 토마토를 추가하십시오. 몇 분 동안 저어주고 볶습니다.

f) 양념장을 알맞게 섞어주세요.

g) 이제 렌즈 콩을 넣고 적절하게 섞습니다.

h) 해초의 물기를 빼고 가위로 자릅니다.

i) 팬에 해초를 넣고 잠시 동안 계속 저어줍니다.

j) 이제 야채 국물과 월계수 잎을 추가할 차례입니다.

k) 잘 섞어주고 끓기를 기다립니다.

l) 이제 약불에서 1 시간 정도 끓여주세요.

m) 식물성 비건 바다 이끼 수프가 제공될 준비가 되었습니다.

n) 그것을 마시고 즐기십시오.

37. 이끼와 생선 국물 수프

만든다: 4

재료:

- 신선한 킹피시 머리 1 파운드
- 말린 완두콩 1 컵
- 호박 1 컵
- 다진 양파 1 컵
- 다진 황토 1 컵
- 다진 당근 $\frac{1}{2}$ 컵
- 다진 껍질을 벗긴 감자 1 컵
- 1 $\frac{1}{2}$ 컵 바다 이끼 젤
- 코코넛 밀크 $\frac{1}{4}$ 컵
- 쪽파 $\frac{1}{2}$ 컵
- 올리브 오일 1 큰술
- 강황 1 티스푼
- 오레가노 1 줄기
- 후추 소스 1 큰술
- 취향에 따라 소금과 후추

지침:

a) 물이 깨끗해질 때까지 쪼개진 완두콩을 물로 철저히 씻으십시오.

b) 완두콩이 완전히 녹을 때까지 끓입니다.

c) 이제 큰 냄비에 채소와 허브를 넣고 5 분 동안 볶습니다.

d) 이제 생선 머리를 추가하십시오.

e) 냄비에 뚜껑을 덮고 뜸을 들입니다.

f) 물과 함께 쪼개진 완두콩을 넣고 끓입니다.

g) 이제 황토와 바다 이끼 젤을 넣고 코코넛 밀크를 넣습니다.

h) 후추 소스를 넣고 수프를 10 분간 끓입니다.

i) 그런 다음 기호에 따라 소금과 후추를 추가합니다.

j) 수프가 준비되었습니다. 뜨겁게 서빙하고 즐기십시오.

38. 바다 이끼와 **Bladderwrack** 렌즈 콩 수프

만든다: 4

재료:

- 바다 이끼 젤 1 큰술
- 블래더랙 가루 1 큰술
- 올리브 오일 2 큰술
- 다진 양파 1 개
- 다진 당근 1 $\frac{1}{4}$ 컵
- 다진 마늘 2 쪽
- 다진 셀러리 갈비 1 $\frac{1}{4}$ 컵
- 말린 렌틸콩 2 컵
- 다진 토마토 400g
- 커민 가루 $\frac{1}{2}$ 작은술
- 고수 가루 $\frac{1}{2}$ 작은술
- 파프리카 가루 1 $\frac{1}{2}$ 티스푼
- 말린 월계수 잎 2 장
- $\frac{1}{4}$ 컵 레몬 주스
- 소금 $\frac{1}{4}$ 작은술
- 후추 $\frac{1}{4}$ 작은술
- 야채육수 6 컵

지침:

a) 큰 냄비에 기름을 데우십시오.

b) 마늘과 양파를 2 분간 익힌다.

c) 셀러리와 당근을 추가합니다. 부드러워질 때까지 익힌다.

d) 이제 으깬 토마토를 넣고 렌즈콩, 월계수 잎, 야채 국물을 넣습니다.

e) 이제 커민 가루, 고수 가루, 파프리카 가루를 넣습니다.

f) 알맞게 저어가며 끓입니다.

g) 냄비의 뚜껑을 덮고 렌틸콩이 부드러워질 때까지 약한 불로 끓입니다.

h) 이제 해초와 블래더랙 가루를 추가합니다. 이 과정은 영양가를 높이고 수프에 질감을 더합니다.

i) 덩어리지지 않도록 거품기로 저어주세요.

j) 약간의 소금, 후추, 레몬즙을 추가합니다.

k) 수프가 제공될 준비가 되었습니다.

l) 버터가 있거나 없는 따뜻한 구운 빵과 함께 제공하십시오.

39. 해초를 곁들인 부추 감자 수프

만든다: 4

재료:

- 잘게 다진 부추 1 컵
- 다진 셀러리 $\frac{1}{2}$ 컵
- 식물성 기름 2 큰술
- 다진 감자 3 컵
- 바다이끼 젤 1 컵
- 야채육수 1 컵
- 아몬드 우유 2 컵
- 취향에 따라 소금과 후추

지침:

a) 큰 냄비에 부추와 셀러리가 부드러워질 때까지 식물성 기름에 볶습니다.

b) 감자와 야채 국물을 추가합니다.

c) 낮은 온도에서 감자가 부드러워질 때까지 푹 끓입니다.

d) 감자를 부분적으로 으깨면 여전히 큰 덩어리가 남아 있습니다.

e) 이제 바다 이끼 젤과 아몬드 우유를 추가합니다.

f) 취향에 따라 소금과 후추를 추가합니다.

g) 섞이도록 저어주고, 양념을 조절하고, 데웁니다.

h) 바다 이끼를 곁들인 부추 감자 수프가 준비되었습니다. 바삭한 토스트와 함께 즐겨보세요.

40. 바다이끼 된장국

만든다: 4

재료:

- 조개 200g
- 다시마 작은 조각 1 개
- 물 500ml
- 해초(Fa Cai) 1 큰술
- 된장 1 큰술
- 미린(일본 막걸리) 2 큰술
- 다진 파 1 큰술

지침:

a) 작은 냄비에 다시마를 물에 넣고 천천히 끓입니다.

b) 그 사이 미역은 찬물에 담가 부드럽게 풀어주세요.

c) 조개를 씻고 흙이나 모래를 제거하십시오.

d) 육수가 끓기 시작하면 다시마를 건져내고 바지락을 넣는다.

e) 조개가 열릴 때까지 끓입니다. 불을 약하게 줄이고 된장, 미림, 해초를 넣습니다.

f) 다진 파를 곁들여 냅니다.

41. 오이 아보카도 비건 수프

구성 6 인분

재료:

- 양파 1 개
- 다진 마늘 1 티스푼
- 야채 육수 1 리터
- 큰 오이 2 개
- 중간 크기 아보카도 1 개
- 바다이끼 즙 6 큰술
- 맛에 소금과 후추

지침:

a) 마늘과 양파가 반투명해질 때까지 소량의 야채 육수(원하는 경우 기름)와 함께 볶습니다.

b) 남은 야채 육수를 냄비에 넣고 가열합니다.

c) 오이를 덩어리로 자릅니다.

d) Sea Moss 젤, 아보카도, 오이 국물을 믹서기에 넣고 강하게 섞습니다.

42. 바다이끼 단호박 수프

만든다: 4

재료:

- 껍질을 벗기고 다진 버터넛 스쿼시 400g
- 바다이끼 젤 200g
- 양파 75g
- 부추 40g(흰 부분만)
- 셀러리 20g
- 마늘 1 쪽, 퓨레
- 버터 30g
- 야채 육수 750ml
- 취향에 따라 소금, 흰 후추, 육두구
- 양념 주머니: 백리향, 월계수 잎, 파슬리 줄기, 으깬 흰 통후추.

지침:

a) 양파, 리크, 셀러리를 버터에 넣고 부드러워질 때까지 볶습니다.

b) 스쿼시와 마늘을 넣고 계속 땀을 흘립니다.

c) 야채 스톡과 양념 백을 추가합니다.

d) 끓여서 열을 줄이고 끓입니다.

e) 양념 주머니를 제거하고 바다 이끼 젤을 넣고 부드러워질 때까지 블렌더에 넣고 퓨레로 만들고 소금과 후추로 간을 맞춥니다.

샐러드와 사이드

43. 해초와 채소 샐러드

만든다: 4

재료:

드레싱

- 쌀식초 1 큰술
- 잘게 썬 샬롯 1 큰술
- 신선한 레몬즙 1 큰술
- 디종 머스타드 1 티스푼
- 꿀 $\frac{1}{4}$ 작은술
- 중성 식용유(포도씨 등) 2 큰술
- 엑스트라 버진 올리브 오일 1 큰술
- 고운 바다 소금 $\frac{1}{2}$ 티스푼, 취향에 따라 더 추가
- 후추 $\frac{1}{8}$ 작은술, 기호에 따라 더 추가

샐러드

- 한입 크기로 찢은 잎이 많은 샐러드 채소 8 컵
- 해동한 냉동 레디컷 다시마 1 컵
- 대각선으로 썬 당근 $\frac{3}{4}$ 컵($\frac{1}{8}$ 인치 두께)
- 얇게 썬 무 $\frac{1}{2}$ 컵
- $\frac{1}{2}$ 컵 대각선으로 얇게 썬 오이
- 말린 통잎 덜스 $\frac{1}{2}$ 컵
- 한입 크기로 찢은 말린 전체 잎 바다 이끼 $\frac{1}{2}$ 컵
- 코셔 소금(맛보기)
- 취향에 따라 검은 후추

지침:

a) 작은 그릇에 식초, 샬롯, 레몬 주스, 겨자, 꿀을 넣고 섞습니다.

b) 오일을 얇고 일정한 흐름으로 점차적으로 첨가하고 유화될 때까지 저어줍니다. 소금과 후추로 털다.

c) 큰 그릇에 샐러드 채소, 다시마, 당근, 무, 오이, 덜스, 바다이끼를 함께 버무립니다.

d) 드레싱을 뿌린 후 부드럽게 버무려 코팅합니다. 추가 소금과 후추로 샐러드를 맛보십시오.

e) 즉시 봉사하십시오.

44. 으깬 콜리 플라워

분량: 2-4 인분

재료:

- 다진 콜리플라워 2 $\frac{1}{4}$ 컵
- 잣 $\frac{1}{4}$ 컵
- 흰된장 1 큰술
- 양파 가루 1 티스푼
- 영양 효모 1 티스푼
- 히말라야 소금 결정 $\frac{3}{4}$ 티스푼
- 바다이끼 젤 $\frac{1}{4}$ 컵
- ⅓ 컵 물

지침:

a)   크림처럼 따뜻해질 때까지 세게 사용합니다.

b)   그레이비와 함께 제공하십시오.

45. 바다이끼를 곁들인 야채 샐러드

만든다: 4

재료:

- 아보카도 40g
- 오이 60g
- 바다이끼(수화) 90g
- 당근 60g
- 토마토 60g
- 빨간 피망 60g
- 해바라기씨 20g
- 올리브 오일 45ml
- 화이트 와인 식초 15ml
- 맛볼 소금
- 페스토 15g
- 맛볼 후추 (땅)

지침:

a) 해초를 씻은 다음 물에 밤새 담가 재수화합니다.

b) 모든 야채를 씻고 큰 주사위 조각으로 자릅니다.

c) 수분을 머금은 해초를 레몬즙과 물에 5 분 동안 담근 후 해초를 작은 조각으로 부순다.

d) 드레싱을 위해 그릇에 화이트 와인 식초, 페스토, 소금, 후추를 섞은 다음 올리브 오일이 유화될 때까지 천천히 휘젓습니다.

e) 모든 재료를 믹싱 볼에 넣고 페스토 비네그레트와 부드럽게 버무린 다음 해바라기 씨를 뿌린 후 서빙합니다.

46. 바다이끼 가든 샐러드

만든다: 4

재료:

- 바다이끼 90g (신선한 수분 공급)
- 레몬 주스 15ml
- 물 45ml
- 로메인 상추 40g
- 토마토 60g
- 아보카도 60g
- 호박씨 2 온스
- 올리브 오일 45ml
- 화이트 와인 식초 15ml
- 맛볼 소금
- 맛볼 후추 (땅)

지침:

a) 해초를 씻은 다음 물에 밤새 담가 재수화합니다.

b) 로메인 잎을 씻고 말립니다. 한 입 크기로 쪼갠다.

c) 수분을 머금은 해초를 레몬즙과 물에 5 분 동안 담급니다.

d) 아보카도는 한 입 크기의 사각형으로 자르고 토마토는 줄리엔으로 자릅니다.

e) 드레싱을 위해 그릇에 화이트 와인 식초, 소금, 후추를 섞은 다음 올리브 오일을 천천히 휘젓습니다.

f) 모든 재료를 믹싱 볼에 넣고 비네그레트 소스를 부드럽게 버무린 다음 호박씨를 뿌린 후 서빙합니다.

디저트

47. 레몬 커스터드

만든다: 4

재료:

- 포장된 불린 바다 이끼 $\frac{1}{4}$ 컵 견과류 우유 $\frac{1}{2}$ 컵
- 불린 견과류 $\frac{1}{2}$ 컵
- 레몬 제스트 1 티스푼
- $\frac{1}{4}$ 컵 레몬 주스
- 아가베 꿀 또는 꿀 $\frac{1}{2}$ 컵
- 레몬 오일 7-10 방울
- 강황 $\frac{1}{8}$ 작은술
- 히말라야 소금 결정 $\frac{1}{8}$ 티스푼
- 바닐라 추출물 1 티스푼 또는 바닐라 콩 2 개

지침:

a) 바다이끼를 최소 3 시간 동안 담가둡니다.

b) 아주 부드러워질 때까지 이끼를 견과 우유 또는 코코넛 물과 섞습니다.

c) 나머지 재료를 넣고 다시 섞는다.

d) 부드러워질 때까지 냉장고에 넣어둡니다.

48. 크리미 아몬드/넛 밀크

만든다: 4

재료:

- 불린 아몬드 2 컵(불리기 전 1 $\frac{1}{4}$ 컵)
- 물 4 컵
- 바닐라 1 티스푼
- 바다이끼에 담근 2 큰술

지침:

a) 잘 섞일 때까지 견과류와 물을 강하게 섞습니다.

b) 견과 우유 부대를 통해서 따르십시오

c) 모든 액체가 나올 때까지 백을 꽉 쥐십시오.

d) 이끼를 넣고 부드러워질 때까지 다시 섞습니다.

e) 우유를 유리병에 담아 냉장고에 최대 4 일 동안 보관합니다.

49. 초콜릿 크림

만든다: 4

재료:

- 바다이끼 껌 1 컵
- 아몬드 또는 견과류 우유 2 컵
- 생 카카오 또는 캐롭 가루 $\frac{1}{2}$ 컵
- 바닐라 익스트랙 1 티스푼 또는 바닐라빈 1 개
- 히말라야 소금 크리스탈 $\frac{1}{4}$ 티스푼
- 바닐라 익스트랙 1 티스푼
- 아가베 넥타 1 컵

지침:

a) 부드러워질 때까지 혼합합니다.

b) 파이 크러스트에 붓고 냉장고에서 몇 시간 동안 굳힙니다.

50. 키 라임 파이

만든다: 8-10

재료:

빵 껍질:
- 마카다미아 너트 2 컵
- 피칸 2 컵
- 소금 2 꼬집
- 대추 페이스트 2-3 큰술

충전재
- 라임 주스 1 컵
- 녹색 식품 1 작은술 (선택사항)
- 1 컵 아보카도 젖은 측정
- 코코넛 밀크 1 ½ 컵
- 아가베 넥타 1 컵
- 취향에 따라 레시틴 소금과 바닐라 3 큰술
- 무향 코코넛 오일 1 컵

머랭 토핑
- 1 온스 (¼ 포장 컵) 담그고 씻은 바다 이끼
- 물 ½ 컵
- 코코넛 밀크 2 컵
- 코코넛 과육 ½ 컵

- 불린 캐슈넛 $\frac{1}{2}$ 컵
- 아가베 6 큰술
- 소금과 바닐라 맛
- 레시틴 1 $\frac{1}{2}$ 큰술
- 코코넛 오일 1 컵(무향)

지침:

빵 껍질:

a) 모든 재료를 푸드 프로세서에 넣고 부드러워질 때까지 퓨레로 만듭니다.

b) 파이 접시에 눌러 넣고 단단해질 때까지 냉장 보관합니다.

충전재

c) 어린 코코넛 물과 고기를 섞어 코코넛 밀크를 만듭니다.

d) 부드러워질 때까지 혼합합니다.

e) 파이 크러스트에 붓고 냉장고에서 굳힙니다.

머랭 토핑

f) 이끼를 정제수에 30 분~3 시간 정도 담가두었다가 잘 헹궈 물기를 뺀다.

g) Sea Moss 와 물을 최소 30 초 동안 또는 분해될 때까지 혼합합니다.

h) 레시틴과 코코넛 오일을 제외한 나머지 재료를 넣고 잘 섞일 때까지 혼합합니다.

i) 블렌딩하는 동안 부드럽고 크리미해질 때까지 레시틴과 코코넛 오일을 추가합니다.

j) 그릇에 붓고 걸쭉해지고 차갑게 느껴질 때까지 냉장 보관합니다.

51. 썬라이트 로프

만든다: 4-8

재료:

- 불린 호두 2 컵(불리기 전 1 $\frac{1}{4}$ 컵)
- 불린 해바라기씨 2 컵(불리기 전 1 컵)
- 다진 셀러리 3 줄기
- 다진 할라피뇨 1 개
- 다진 애호박 1 $\frac{1}{2}$ 컵
- 다진 녹색 양배추 1 컵
- 다진 파슬리 $\frac{1}{4}$ 컵
- 히말라야 소금 결정 1 티스푼
- 진한 된장 1 큰술
- 다진 말린 또는 신선한 로즈마리 1 티스푼
- 양파 가루 1 큰술
- 마늘 1 쪽
- 타마리 1 큰술
- 바다이끼 젤 $\frac{1}{2}$ 컵

지침:

a) 부드러워질 때까지 모든 재료를 퓌레로 만듭니다.

b) 아래에 테프론 코팅 시트가 있는 탈수기 트레이에서 덩어리 모양을 만들거나 반죽을 덩어리 팬에 얼린 다음 냉동 후 꺼내서 자릅니다.

c) 처음 2 시간 동안은 탈수기를 최대로 켭니다.

d) 115 도까지 낮추기

e) 식빵을 뒤집어 테프론 코팅된 시트를 제거합니다.

f) 빵이 겉은 단단하고 속은 약간 촉촉해질 때까지 계속 말립니다.

g) 그레이비와 함께 제공하십시오.

52. 바다이끼 초콜릿 케이크

만든다: 4

재료:

젖은 성분
- 바다이끼 젤 6 큰술
- 무기당 비유제품 우유 1 컵
- 백식초 1 큰술
- 다크 초콜릿 200g, 부순 것
- 끓는 물 1 컵
- ⅔ 컵 코코아 가루
- 바닐라 1 큰술
- 무기당 사과 소스 ¾ 컵
- 식물성 기름 ½ 컵과 1 큰술

건조 성분
- 다목적 밀가루 2 컵
- 백설탕 ¾ 컵
- 흑설탕 ¾ 컵,
- 인스턴트 커피 가루 2 작은술
- 베이킹 파우더 1 과 ½ 티스푼
- 베이킹 소다 1 과 ½ 티스푼
- 소금 1 티스푼

초콜릿 가나슈 아이싱:
- 다크 초콜릿 350g, 부순 것

- 코코넛 크림 1 캔(400ml)
- ⅓컵 코코아 가루
- 바닐라 1 티스푼

지침:

a) 오븐을 350°로 예열합니다. 기름칠을 살짝 합니다..2-9 인치 원형 붙지 않는 케이크 팬. 나는 또한 팬에 양피지 라운드를 깔고 가볍게 기름을 바릅니다. 작은 그릇에 식물성 우유와 식초를 추가합니다. 이것은 "버터밀크 혼합물" 입니다. 저어주고 따로 보관합니다.

b) 중간 그릇에 마른 재료를 넣고 잘 섞이도록 저어줍니다..큰 믹싱 볼.초콜릿 조각과 끓는 물을 넣고 1 분 동안 그대로 둡니다. 이제 코코아 가루를 넣고 부드러워질 때까지 휘젓습니다. 그런 다음 "버터밀크 혼합물"을 포함한 나머지 "습식 재료"를 넣고 잘 섞일 때까지 휘젓습니다.

c) 다음으로 마른 재료를 넣고 부드러워질 때까지 휘젓습니다. 과도하게 혼합하지 마십시오. 준비된 베이킹 팬 2 개에 케이크 반죽을 붓습니다. 30-35 분 동안 또는 케이크 중앙에 이쑤시개를 꽂아 깨끗이 나오거나 약간의 부스러기가 나올 때까지 굽습니다. 팬에서 케이크를 10-15 분 동안 식힌 다음 팬에서 케이크를 제거하고 아이싱하기 전에 랙에서 완전히 식힙니다.

d) 유제품이 없는 초콜릿 가나슈. 큰 DRY 믹싱 볼에 초콜릿 조각을 넣고,

e) 스토브에서 코코넛 크림을 뜨거워질 때까지 가열합니다. 끓이지 않도록 합니다. 초콜릿 혼합물 위에 크림을 붓습니다. 잠시 그대로 두었다가 코코아와 바닐라를 넣습니다. 부드러워질 때까지 휘젓습니다.

f) 1 시간 동안 냉장 보관하고 30 분 후 휘젓습니다.

g) 케이크가 완전히 식으면 프로스팅을 해주세요. 즐기다!

53.   비건 야키 & 바다이끼 무스

분량: 4 인분

재료:

- 준비된 바다 이끼 젤 120g
- 아몬드 우유 200g
- 반숙 아키 200g
- 메이플 시럽 120g
- 원하는 경우 바닐라 추출물을 뿌립니다. 선택 사항

선택적 장식:

- 으깬 바다 거품 사탕, 견과류 또는 과일
- 녹인 초콜릿 또는 캐러멜 소스
- 휘핑 코코넛 크림

지침:

a) 아키, 우유, 이끼를 살짝 데웁니다.

b) 모든 재료를 섞습니다. 4 개의 유리잔 사이에 고르게 분배합니다.

c) 식힐 때까지 식히십시오.

d) 원하는 대로 장식하여 서빙

54. 감 & 만다린 오렌지 타르트

분량: 4 인분

재료:

캐러멜 크러스트:

- 캐슈넛 100 그램
- 플레이크 코코넛 50g
- 메이플 시럽 1 큰술
- 캐슈 버터 1 큰술
- 코코넛 오일 1 큰술
- 소금 2 꼬집

만다린 오렌지 무스:

- 캐슈넛 60g
- 바다이끼 페이스트 $\frac{1}{2}$ 컵
- 만다린 오렌지 1 개
- 소금 1 꼬집
- 코코넛 오일 40g

레몬에 절인 감:

- 2 감
- 레몬즙 1 큰술
- 아가베 시럽 1 티스푼
- 소금 1 꼬집

화이트 초콜릿 소스:

- 25 그램, 더블 브로일러에서 녹인 Raw Cacao Butter
- 캐슈 버터 25g
- 아가베 시럽 1 큰술
- 소금 1 꼬집

지침:

a) 볼에 캐러멜 크러스트 재료를 넣고 주걱으로 잘 섞어주세요. 바닥이 분리 가능한 타르트 팬에 크러스트를 고르게 펴 바릅니다.

b) 코코넛 오일을 제외한 만다린 오렌지 무스의 모든 재료를 믹서기에 넣습니다. 완전히 부드러워질 때까지 블렌딩합니다.

c) 코코넛 오일을 넣고 좀 더 섞는다. 타르트 크러스트에 붓고 냉장고에서 **3** 시간 정도 굳힙니다.

d) 레몬 절임 감 재료를 볼에 담는다. 가볍게 섞어 결합하십시오. 귤 무스가 굳으면 감을 올려주세요.

e) 화이트 초콜릿 재료를 그릇에 담고 나무주걱으로 섞어주세요. 이중 보일러에서 **42°C** 까지 가열합니다.

f) 중탕기에서 꺼내 약 **25°C** 로 식으면 주걱으로 잘 저어줍니다.

g) 화이트 초콜릿을 식힌 다음 숟가락을 사용하여 타르트 위에 이슬비를 뿌립니다.

55. 아일랜드 이끼 과일 젤 디저트

만든다: 8

재료:

- 아일랜드 이끼 1 줌
- 민트 또는 민트 티백 1 가지
- 사과 주스 $\frac{1}{2}$ 컵
- 레몬즙 1 개
- 사과 1 개
- 배 1 개
- 1 컵 혼합 딸기
- 메이플 시럽 또는 꿀 맛

지침:

a) 이끼 한 줌을 가져다가 큰 냄비에 찬물에 담급니다. 몇 분 후 손가락으로 이끼를 문지르기 시작합니다.

b) 체에 여러 번 헹구고 다시 새 물에 이끼가 잠기도록 30 분 동안 담가둡니다.

c) 민트 가지나 민트 티백을 넣고 끓입니다. 약불로 낮추고 가끔 저어주면서 30 분 동안 요리합니다.

d) 약간 식힌 다음 큰 그릇 위의 체에 붓습니다. 물기를 빼고 고무 주걱으로 걸쭉한 소스를 여과기 바닥에서 긁어냅니다. 남은 이끼를 버립니다.

e) 이 주스에 사과 주스 1/2 컵과 맛을 내기 위해 약간의 메이플 시럽 또는 꿀을 추가합니다. 작은 그릇에 붓고 자른 과일(사과, 배, 블루베리, 라즈베리)을 넣습니다. 밤새 또는 굳을 때까지 덮고 식히십시오.

f) 익힌 과일로 디저트 젤을 만들 수도 있습니다. 젤을 만드는 동안 별도의 냄비에 과일을 함께 끓이고 계피, 바닐라, 다진 견과류, 감미료를 넣어 맛을 냅니다.

g) 원하는 경우 레몬 제스트 또는 오렌지 제스트 또는 레몬 주스로 밝게하십시오. 젤과 결합하고 모두 식히십시오.

h) 밤새 또는 설정될 때까지 식힙니다. 휘핑 크림과 함께 제공하십시오.

56. 바닐라 코코넛 아이스크림

만든다: 4

재료:

- 아몬드 2 컵
- 물 3 컵
- 코코넛 오일 $\frac{1}{2}$ 컵
- 3-8 시간 동안 담그고 잘 헹군 후 포장된 바다이끼 $\frac{1}{4}$ 컵 (중량 기준)
- 아가베 넥타 1 컵
- 바닐라 가루 $\frac{1}{4}$ 티스푼 (또는 바닐라 콩 1 개)
- 바닐라 익스트랙 2 티스푼
- 히말라야 소금 결정 $\frac{1}{4}$ 작은술

지침:

a) 아몬드를 물과 섞어 걸쭉한 아몬드 우유를 만듭니다. 너트 밀크 백에 혼합물을 거르고 과육을 보관합니다.

b) 아몬드 우유 1 컵과 Sea Moss 를 매우 부드러워질 때까지 섞습니다.

c) 나머지 재료를 넣고 부드러워질 때까지 혼합합니다.

d) 냉동 가능한 용기에 붓고 밤새 얼립니다.

e) 서빙하기 전에 약 15 분 동안 해동하십시오.

57. 딸기 바나나 나이스 크림

분량: 4 컵

재료:

- 잘 익은 당나귀 바나나 5-6 개
- 냉동딸기 1 컵
- 바다 이끼 젤 $\frac{1}{4}$ 컵
- 아가베 넥타 3 큰술
- 수제 대마 바다 이끼 우유 2 큰술
- $\frac{1}{2}$ 작은 키 라임, 압착

지침:

a) 바나나를 잘게 썰어 큰 지퍼백에 넣습니다. 약 4 시간(또는 밤새) 얼립니다.

b) 일단 냉동되면 냉동 딸기, 바다 이끼 젤, 아가베 꿀, 대마 우유 및 키 라임 주스와 함께 8 컵 푸드 프로세서에 추가합니다.

c) 부드러워질 때까지 혼합합니다.

d) 유리 용기를 잡고 아이스크림을 넣고 고르게 펴줍니다.

e) 소프트 아이스크림을 그대로 드시거나 뚜껑을 덮고 최소 4 시간 동안 얼리셔도 됩니다.

f) 단단해지면 서빙하기 전에 2~5 분 동안 약간 해동합니다.

g) 최대 2 주 동안 냉동실에 아이스크림을 보관하십시오.

58. 바닐라 피스타치오 아이스크림

만든다: 4

재료:
- 피스타치오 2 컵
- 물 1 $\frac{1}{2}$ 컵
- 버진 코코넛 오일 $\frac{1}{2}$ 컵
- 포장된 바다 이끼 $\frac{1}{4}$ 컵
- 코코넛 넥타 $\frac{1}{2}$ 컵
- 바닐라 가루 $\frac{1}{4}$ 티스푼
- 바닐라 익스트랙 2 티스푼
- 미네랄 소금 $\frac{1}{4}$ 티스푼
- 취향에 따라 붙여넣기

지침:
a) 견과류를 물과 섞어 걸쭉한 크림을 만듭니다. 너트 밀크 백을 통해 혼합물을 걸러냅니다.
b) 바다이끼와 피스타치오 우유 1 컵을 매우 부드러워질 때까지 혼합합니다.
c) 나머지 재료를 넣고 부드러워질 때까지 혼합합니다.
d) 냉동 가능한 용기에 붓고 밤새 얼립니다.

59.   비건 오렌지 크림시클 아이스 캔디

만든다: 8

재료:

- 오렌지 주스 ½ 컵
- 15 온스 전지 코코넛 밀크 캔
- 6 Medjool 날짜
- 바닐라 익스트랙 1 티스푼
- 바다이끼 젤 1-2 큰술

지침:

a) 모든 재료를 블렌더에 넣고 부드러워질 때까지 잘 갈아줍니다.

b) 혼합물을 아이스크림 틀에 붓습니다. 막대기를 추가하십시오.

c) 6-8 시간 또는 밤새 또는 완전히 얼 때까지 얼립니다.

d) 3 개월 이내에 드세요.

60.   초콜릿 라즈베리 소용돌이 아이스크림

만든다: 8

재료:

- 라이트 아가베 넥타 ½ 컵
- 다진 무가당 초콜릿 2 온스
- 바닐라 아몬드 우유 3 컵
- ⅓ 컵 코코아 가루
- 소금 1 꼬집
- 1 컵 포장 된 바다 이끼, 청소 및 담가
- 라즈베리 프리저브 1 병(12 온스 병)

지침:

a) 작은 냄비에 아가베 넥타와 다진 초콜릿을 가능한 가장 낮은 불로 데우고 초콜릿이 녹을 때까지 계속 저어줍니다. 열에서 제거하고 따로 보관하십시오.

b) 블렌더에 아몬드 우유 1 컵, 코코아 가루, 소금, 해초를 넣고 섞습니다. 최고 속도로 1 분 동안 또는 완전히 부드러워질 때까지 사용합니다.

c) 아가베/초콜릿 혼합물을 블렌더에 넣고 부드러워질 때까지 갈아줍니다. 혼합물을 큰 그릇에 붓고 남은 아몬드 우유 2 컵을 넣고 섞일 때까지 휘젓습니다. 그릇을 덮고 몇 시간 동안 또는 충분히 차가워질 때까지 냉장 보관합니다.

d) 제조업체의 지침에 따라 아이스크림 제조기에서 가공하십시오. 기계에서 아이스크림을 꺼내 냉동 용기에 포장합니다.

e) 라즈베리 잼 티스푼을 아이스크림 위에 떨어뜨린 다음 아래로 밀어 넣습니다.

f) 굳을 때까지 몇 시간 동안 얼립니다.

61. 유제품이 함유되지 않은 바닐라 빈 아이스크림

만드는 양: 1 쿼트

재료:

- 전지 코코넛 밀크 14 온스 캔 2 개
- 꿀 ½ 컵
- 바닐라빈 가루 ½ 작은술
- 바다 소금 한 꼬집
- 바다 이끼 젤 1 ½ 큰술
- 끓는 물 ½ 컵

지침:

a) 코코넛 밀크, 꿀, 바닐라, 바다 소금을 믹서기 용기에 넣고 잘 섞일 때까지 섞습니다.

b) 작은 그릇에 해초 젤에 끓는 물을 점차적으로 넣고 완전히 녹을 때까지 힘차게 저어줍니다. 코코넛 밀크 혼합물에 넣고 다시 섞습니다.

c) 아이스크림 혼합물을 아이스크림 메이커의 냉동 보울에 붓고 소프트 아이스크림 농도에 도달할 때까지 20 분 동안 가공합니다.

d) 즉시 서빙하거나 냉동고용 용기에 옮기고 2-3 시간 동안 또는 굳을 때까지 얼립니다.

62.   마카다미아 또는 코코넛 크림 토핑

만든다: 4

재료:

- 마카다미아 너트 또는 코코넛 과육 1 컵
- 견과류 우유 $\frac{1}{2}$ 컵
- 바다이끼 젤 $\frac{1}{4}$ 컵
- 코코넛 오일 1 큰술
- 취향에 따라 바닐라 1 티스푼 이상
- 아가베 넥타 $\frac{1}{4}$ 컵
- 소금 결정의 큰 판치

지침:

a) 크림색이 될 때까지 강하게 블렌딩합니다.

b) 초콜릿 속을 채우고 주걱으로 봉우리를 만듭니다.

c) 냉장하고 1 시간 또는 밤새도록 설정합니다. 3-4 일 동안 지속됩니다.

63. 알칼리성 브라질너트 치즈케이크

만든다: 4

재료:

충전재:

- 브라질너트 3 컵
- 아가베 1 컵
- 바다 이끼 젤 1 큰술
- 코코넛 오일 $\frac{1}{2}$ 컵
- 호두 우유 $\frac{1}{2}$ 컵
- 라임 2 개의 주스
- 취향에 따라 바다 소금, 생강, 정향 가루

빵 껍질:

- 씨를 제거한 대추 1 컵
- 호두 1 컵
- 스펠트 플레이크 시리얼 $\frac{1}{2}$ 컵 (선택 사항)

지침:

a) 브라질 너트를 밤새 담가 부드럽게 만듭니다.

b) 대추와 호두를 약 **10~15** 초 동안 섞어 크러스트를 준비합니다. 씨리얼을 으깨서 섞어주세요.

c) 빵 껍질 혼합물을 팬 바닥에 단단히 펴십시오. 냉장고에 넣으십시오.

d) 필링 재료를 블렌더에 넣고 가끔 옆면을 긁어내면서 섞습니다. 부드럽고 크리미해질 때까지 혼합물을 혼합합니다.

e) 크러스트가 있는 팬에 혼합물을 추가하고 원하는 과일을 얹습니다.

f) 3 시간 동안 얼립니다.

64. 바다이끼 바나나 빵

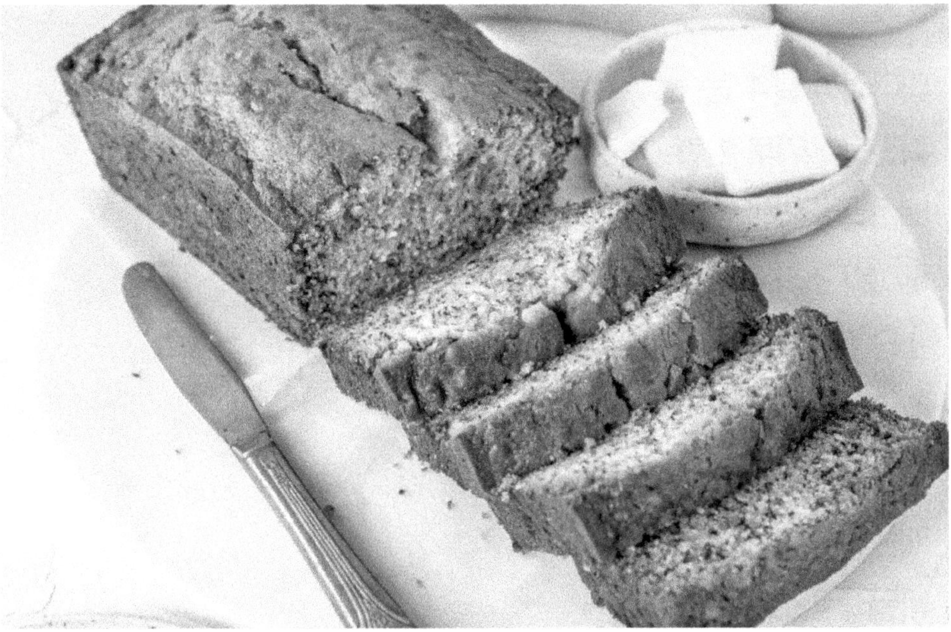

만든다: 4

재료:

- 바다이끼 젤 4 큰술
- 다목적 밀가루 2 컵
- 베이킹 파우더 1 티스푼
- 베이킹 소다 $\frac{1}{2}$ 작은술
- 소금 $\frac{1}{4}$ 작은술
- 잘 익은 바나나 으깬 것 2 $\frac{1}{4}$ 컵
- 무염 버터 $\frac{1}{2}$ 컵
- 계란 2 개
- 바닐라 익스트랙 1 티스푼

지침:

a) 오븐을 화씨 350 도로 예열합니다.

b) 밀가루 베이킹 파우더, 베이킹 소다, 소금을 그릇에 넣고 섞습니다. 별도의 그릇에 크림, 설탕, 버터를 넣은 다음 바닐라 추출물, 계란, 으깬 바나나, 바다 이끼 젤을 섞습니다. 습식 혼합물과 건조 혼합물을 배터에서 저어줍니다.

c) 준비된 베이킹 틀에 반죽을 붓고 바나나 식빵에 넣었을 때 이쑤시개가 깨끗이 나올 때까지 굽는다(굽는 시간 약 1 시간).

소스, 잼, 살사

65. 사과 모스 시럽

만든다: 4

재료:

- 야생화 꿀 $\frac{1}{2}$ 컵
- 32 온스 사과 주스
- 바다 이끼 젤 1 큰술
- 반 라임 주스

지침:

a) 고운 망사 여과기를 통해 사과 주스를 스토브의 작은 냄비에 붓습니다. 스토브 온도를 중간 높이로 설정하십시오.

b) 꿀을 넣고 잘 섞이도록 저어주세요

c) 액체가 심하게 튀지 않고 보글보글 끓는 지점으로 스토브 온도를 조정합니다.

d) 나머지 재료를 넣고 계속 저어줍니다.

e) 액이 줄어들고 내용물이 농축되면 더 낮은 온도로 조절해야 할 수도 있습니다.

f) 까지 센불에 익혀주세요 $\frac{1}{3}$ 에게 $\frac{1}{4}$ 시작 액체가 남습니다.

g) 일관성을 테스트하려면 작은 유리 그릇에 1-3 큰술을 넣고 냉동실에 30 초에서 1 분 동안 두십시오.

h) 이쑤시개나 깨끗한 손가락을 사용하여 액체를 만지고 천천히 손가락을 들어 올립니다.

i) 당신이 찾고 있는 것은 가능한 한 꿀에 가까운 일관성입니다.

j) 더 많이 익힐수록 농도가 진해집니다. 얼마나 얇거나 두껍게 원하는지 결정합니다.

k) 액체가 익고 원하는 농도가 되면 스토브를 끄고 약 10 분 동안 식힙니다. 액체는 여전히 매우 뜨거우나 끓지 않아야 합니다.

l) 미세한 망사 스트레이너를 통해 메이슨 병에 액체를 걸러냅니다.

m) 항아리에 뚜껑을 놓고 식하십시오.

66. 바다이끼 사과 소스

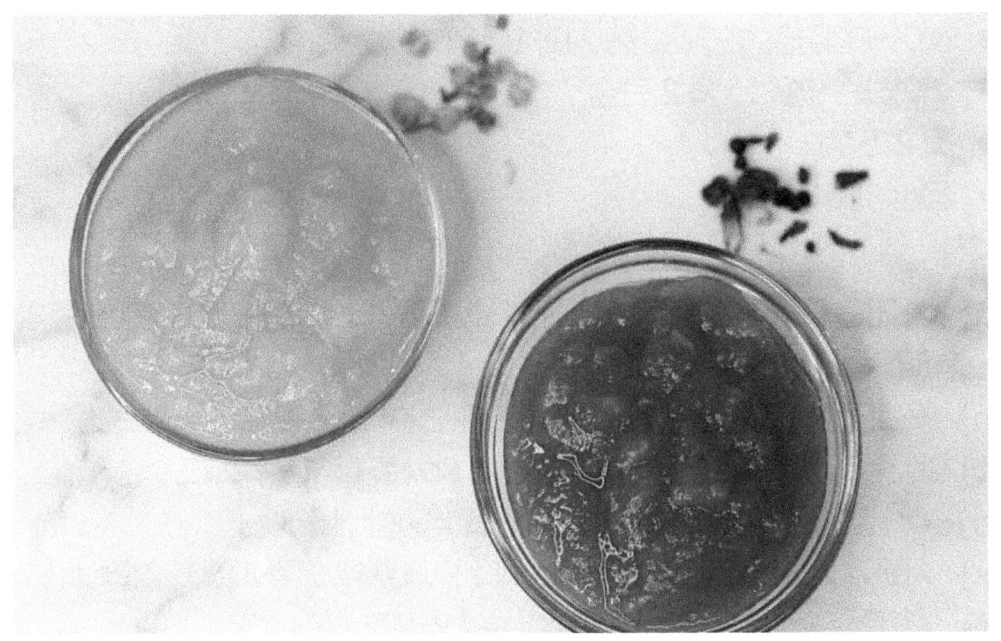

만든다: 4

재료:

- 씻어서 껍질을 벗긴 유기농 사과 10 개
- 좋아하는 맛을 낸 차 2 큰술
- 물 2.5 컵
- 옵션: 메이플 시럽

지침:

a) 사과를 거칠게 자르고 2 개의 그릇에 나눕니다. 각 그릇에는 약 3.5 컵의 사과가 들어 있습니다.

b) 포트당 물 2.5 컵과 차 2 큰술을 사용하여 차 2 포트를 끓입니다.

c) 차를 걸러내고 약한 불/열로 냄비에 액체를 다시 넣습니다.

d) 각 냄비에 대충 다진 사과 3 $\frac{1}{2}$ 컵을 추가합니다.

e) 사과가 부드러워지고 쉽게 찌르거나 으깨질 수 있을 때까지 끓입니다.

f) 사과가 완성되면 불을 높이고 여분의 액체를 끓입니다.

g) 냄비에 담긴 사과 수의 **50%**가 되도록 액체가 줄어들면 스틱 블렌더 또는 블렌더를 사용하여 블렌딩합니다.

h) 사과 소스는 그 자체로 달콤해야 하지만 모든 수확이 동일하지 않기 때문에 사과는 도움이 필요할 수 있습니다. 이 경우 만족할 때까지 메이플 시럽을 약간 추가하십시오.

i) 깨끗하고 멸균된 유리병에 숟가락으로 떠서 붓습니다.

j) 식히자.

k) 식힌 후 뚜껑을 덮고 냉장 보관합니다.

l) 서빙할 때 준비된 해초 2 큰술을 사과 소스에 숟가락으로 떠서 섞어 드세요.

67. <u>아보카도 실란트로 소스</u>

만든다: 4

재료:

- 아보카도 $\frac{1}{2}$ 개(약 6 큰술)
- 라임 주스 3 큰술
- 물 $\frac{3}{4}$ 컵
- 플레인 바다이끼 젤 2~3 큰술
- 올리브 오일 1 큰술(선택 사항)
- 느슨하게 포장된 신선한 고수 1 컵
- 다진 마늘 1 쪽
- 메이플 시럽 1 티스푼
- 고운 바다 소금 $\frac{1}{2}$ 작은술
- 검은 후추, 맛

지침:

a) 모든 재료를 고속 블렌더에 넣고 부드러워질 때까지 혼합합니다.

b) 맛에 맞게 조미료를 조절한 다음 사용할 준비가 될 때까지 냉장고에 보관하십시오.

c) 밀폐 용기에 담아 냉장고에 최대 4 일 동안 보관합니다.

68. 바다끼 사과 소스

분량: 4 인분

재료:

- 말린 바다 이끼 1 ½ 컵
- 생수 2 컵
- 2 복숭아
- 감미료 용 아가베

지침:

a) 해이끼를 샘물에 씻어 최소 45 분 동안 담가둡니다.

b) 블렌더에 Sea Moss 를 추가합니다.

c) 원하는 농도가 될 때까지 샘물과 천천히 혼합합니다.

d) 자른 복숭아를 믹서기에 넣고 바다이끼와 잘 섞습니다.

e) 단맛을 내기 위해 아가베를 추가합니다.

69. 건강한 비건 살사

분량: 3 인분

재료:

"양파 페이스트"

- 잘게 썬 중간 크기의 붉은 양파 $\frac{1}{4}$ 개
- 신선한 할라피뇨 1 큰술,
- 다진 고수 $\frac{1}{4}$ 컵
- 마늘 페이스트 1 티스푼
- 바다 소금 $\frac{1}{2}$ 작은술
- 커민 가루 $\frac{1}{4}$ 티스푼

살사 재료:

- 다진 신선한 토마토 2 컵
- 라임 주스 2 티스푼
- 아가베 꿀 $\frac{1}{4}$ 작은술
- 바다이끼 젤 1 큰술
- 하바네로 고추 작은 조각 1 개

지침:

a) 먼저 "양파 페이스트"를 만들 것입니다. 이것은 살사가 최대의 풍미를 유지하는 데 도움이 됩니다. 큰 그릇이나 도마에 양파, 할라피뇨, 고수를 헹구고 다집니다. 그런 다음 마늘 페이스트를 넣고 모든 재료 위에 바다 소금과 커민을 뿌립니다.

b) 튼튼한 포크나 감자 으깨는 도구로 재료를 최대한 으깨어 걸쭉한 반죽처럼 만듭니다.

c) 그런 다음 푸드 프로세서를 잡고 토마토, 페이스트, 라임 주스, 아가베 넥타, 해초 젤, 작은 하바네로 고추 조각을 넣습니다.

d) 모든 재료가 완전히 섞일 때까지 푸드 프로세서에서 1 분 이상 사용하지 마십시오. 토르티야 칩이나 비건 타코 위에 바로 서빙하세요.

e) 이 비건 살사는 미리 만들어서 약 **5~7** 일 동안 냉장고에 보관할 수 있습니다. 잘 얼지 않습니다.

70. 바다이끼 젤을 곁들인 체리 젤리

만든다: 4

재료:

- 설탕 4 $\frac{1}{2}$ 컵
- 갓 짜낸 체리 주스 3 $\frac{1}{2}$ 컵
- 바다이끼 젤 $\frac{1}{4}$ 컵

지침:

a) 주스와 Sea Moss Gel 을 주전자에 넣고 섞습니다.

b) 완전히 끓을 때까지 가열하십시오.

c) 설탕을 넣고 계속 저어가며 1 분간 빠르게 끓입니다.

d) 열을 제거하십시오. 모든 거품을 빠르게 걷어냅니다.

e) 뜨겁고 살균된 통조림 용기에 젤리를 붓고 $\frac{1}{4}$ 인치의 공간을 둡니다.

f) 병을 단단히 닫은 다음 수조에서 5 분 동안 가열합니다.

71. 계피 오렌지 젤리

만든다: 4

재료:

- 오렌지 주스 2 컵
- ⅔ 컵 물
- 계피 스틱 4 개
- 바다이끼 젤 ¼ 컵
- 다진 오렌지 껍질 2 큰술
- ⅓ 컵 레몬 주스
- 올스파이스 1 티스푼
- 통 정향 ½ 작은술
- 설탕 3 ½ 컵

지침:

a) 팬에 오렌지 주스, 레몬 주스, 물을 섞습니다.

b) Sea Moss Gel 을 저어주세요.

c) 천에 오렌지 껍질, 피망, 정향, 계피 스틱을 배열합니다.

d) 끈으로 묶고 과일 혼합물을 추가합니다.

e) 가열하고 정기적으로 저어주고 빠르게 끓입니다.

f) 설탕을 넣고 저어가며 1 분간 빠르게 끓입니다.

g) 열을 제거하십시오. 스파이스 백을 제거하고 모든 거품을 빠르게 걷어냅니다.

h) 뜨겁고 멸균된 통조림 병에 젤리를 상단에서 ¼ 인치까지 붓습니다.

i) 병을 단단히 닫은 다음 수조에서 5 분 동안 가열합니다.

72. <u>포도 매실 젤리</u>

만든다: 4

재료:

- 3 ½파운드 잘 익은 자두, 씻어서 씨를 뺀 것
- 3 파운드 잘 익은 콩코드 포도, 세척
- 버터 ½ 티스푼
- 물 1 컵
- 설탕 8 ½ 컵
- 바다이끼 젤 ¼ 컵

지침:

a) 냄비에 물과 함께 자두와 포도를 으깨십시오. 끓인 후 10 분간 끓인다.

b) 무명천으로 주스를 걸러냅니다.

c) 주스, 버터, Sea Moss Gel 을 섞습니다. 정기적으로 저어 주면서 끓입니다.

d) 설탕을 넣고 1 분간 빠르게 끓인다.

e) 불을 끄고 거품을 제거한 다음 멸균된 병에 ¼ 인치의 공간을 남기고 채웁니다.

f) 항아리를 단단히 닫은 다음 수조에서 5 분 동안 가열하십시오.

73.   바다이끼 젤을 넣은 포도 주스 젤리

만든다: 4

재료:

- 신선한 포도 주스 5 컵
- 설탕 7 컵
- 바다이끼 젤 ¼ 컵

지침:

a) 주스와 Sea Moss Gel 을 주전자에 넣고 섞습니다.

b) 완전히 끓을 때까지 가열하십시오.

c) 설탕을 넣고 계속 저어가며 1 분간 빠르게 끓입니다.

d) 열을 제거하십시오. 모든 거품을 빠르게 걷어냅니다.

e) 뜨겁고 살균된 통조림 용기에 젤리를 붓고 ¼ 인치의 공간을 둡니다.

f) 항아리를 단단히 닫은 다음 수조에서 5 분 동안 가열하십시오.

74. 바퀴를 곁들인 황고길 잴이

만든다: 4

재료:

- 갓 짜낸 크랜베리 주스 2 컵
- 갓 짜낸 마르멜로 주스 2 컵
- 갓 짜낸 사과 주스 1 컵
- 설탕 $7\frac{1}{2}$ 컵
- 바다이끼 젤 $\frac{1}{4}$ 컵

지침:

a) 주전자에 주스와 설탕을 섞습니다.

b) 가열하고 정기적으로 저어주고 빠르게 끓입니다.

c) Sea Moss Gel 을 넣고 1 분간 계속 끓입니다.

d) 열을 제거하십시오. 모든 거품을 빠르게 걷어냅니다.

e) 젤리를 뜨거운 병에 붓고 $\frac{1}{4}$ 인치의 공간을 둡니다.

f) 병을 단단히 닫은 다음 수조에서 5 분 동안 가열합니다.

꾸미

75. Bladderwrack 을 곁들인 엘더베리 구미

만들다: 150 구미

재료:
- 엘더베리 진저 인퓨즈드 바다 이끼 젤 1 컵
- 블래더랙 1 큰술
- 꿀 $\frac{1}{2}$ 컵
- 계피 2 티스푼
- 카이엔 페퍼 1 티스푼
- $\frac{1}{4}$ 컵 레몬, 주스

한천 혼합물
- 한천 한천 2 큰술
- $\frac{1}{2}$ 컵 엘더베리 생강 액체 또는 일반 알칼리성 물

지침:

a) 갓 혼합한 엘더베리 진저 바다 이끼 젤 또는 일반 바다 이끼 젤 6 온스로 시작하십시오. 블래더랙, 메이플 시럽, 계피, 카이엔 고추, 레몬 주스를 믹서기에 있는 해초 젤에 넣습니다. 재료가 완전히 섞일 때까지 혼합합니다. 따로.

b) 소스팬을 중불로 가열하고 엘더베리 생강액과 한천 가루를 넣습니다. 계속 저어 덩어리를 제거합니다. 혼합물을 끓입니다.

c) 혼합물이 끓기 시작하면 열을 줄입니다. 그런 다음 바다 이끼 젤 혼합물이 완전히 섞일 때까지 저어주고 약 2-3 분 동안 끓입니다.

d) 그런 다음 바다 이끼 젤 혼합물이 완전히 섞일 때까지 저어주고 약 1-2 분 동안 끓입니다.

e) 혼합물을 저어 해초 젤 혼합물과 한천이 완전히 섞이도록 합니다. 열에서 혼합물을 제거하십시오.

바다이끼 젤리

f) 빠르게 이동하고 액체 점적기를 사용하여 바다 이끼 젤 혼합물을 거미 곰 구멍으로 옮깁니다.

g) 젤리 곰이 즉시 설정되기 시작합니다. 구미 베어 몰드를 냉장고에 넣고 완전히 굳을 때까지 최소 1 시간 동안 두세요.

h) 구미가 굳은 후 틀에서 구미를 꺼내 밀폐된 유리병에 옮깁니다. 구미를 냉장고에 2-3 주 동안 보관하세요.

76. 바다아끼 비건 구미

구성 1 병

재료:

- 신선한 사과 주스 1 컵
- 한천 가루 2 큰술
- 다진 생강 2 작은술
- $\frac{1}{8}$ 티스푼 계피
- 바다 이끼 젤 3 큰술
- 코코넛 넥타 1-2 큰술

지침:

a) 한천 가루, 생강, 계피와 함께 사과 주스를 작은 냄비에 붓고 모든 것이 고르게 섞일 때까지 휘젓습니다.

b) 바다 이끼 젤과 아가베 넥타를 저어줍니다.

c) 스토브를 중약불로 켜고 빠르게 휘젓기 시작하고 혼합물을 부드럽게 끓입니다(끓이지 마십시오).

d) 약간 걸쭉한 혼합물이 될 때까지 계속 휘젓되, 식으면서 걸쭉해지기 때문에 너무 두껍게 하지는 마세요.

e) 구미 몰드를 준비하고 점적기를 사용하여 혼합물 중 일부를 몰드에 떨어뜨립니다.

f) 구미가 만졌을 때 단단해질 때까지 금형을 냉장고에 최대 1 시간 동안 두십시오.

g) 몰드를 앞으로/위로 밀어 구미를 풀어줍니다.

h) 구미는 항아리에 보관하고 냉장 보관한 후 여유롭게 드세요

77. 바다이끼 사워 구미

분량: 4 인분

재료:

- 한천 한천 2 큰술
- 바다이끼 젤 3 큰술
- 오렌지 주스 $\frac{1}{2}$ 컵
- 파인애플 주스 $\frac{1}{2}$ 컵
- 구연산 2 티스푼
- 꿀 2 작은술

지침:

a) Agar Agar 와 주스를 함께 혼합
b) 혼합물을 스토브에 놓고 끓입니다.
c) 꿀을 넣고 녹을 때까지 섞는다
d) 녹을 때까지 Sea Moss 추가
e) 녹을 때까지 구연산을 첨가하십시오.

78. 바다이끼 엘더베리 구미

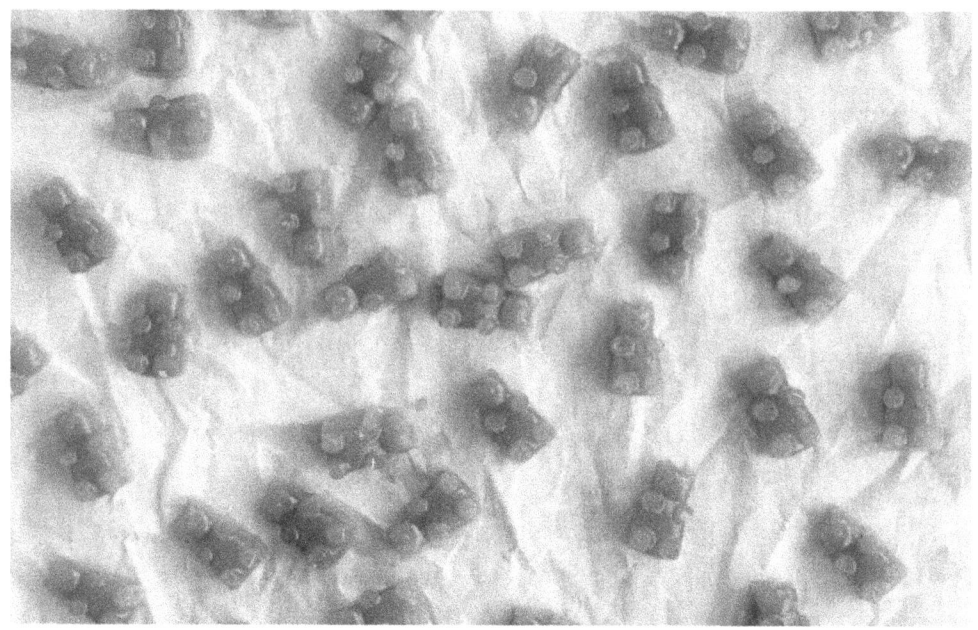

만든다: 24-30

재료:

- ⅔ 컵 사과 주스
- 농가 차 엘더베리 시럽 믹스 $\frac{1}{4}$ 컵
- 즙을 낸 레몬 1 개
- 꿀 $\frac{1}{4}$ 컵
- 해초 가루 1 티스푼
- 풀을 먹고 자란 젤라틴 4 봉지(약 1 온스)
- 구미 베어 몰드 4 장

지침:

a) 중간 크기의 그릇에 사과 주스, 엘더베리 시럽, 레몬을 함께 휘젓습니다.

b) 혼합물의 절반을 중간 크기의 냄비에 붓고 꿀을 넣습니다. 중불에 올려 끓입니다.

c) 한편, 나머지 엘더베리/주스 혼합물과 함께 중간 크기의 그릇에 해초와 젤라틴을 휘젓습니다.

d) 스토브 위의 혼합물이 끓으면 불을 끄고 혼합물의 나머지 절반과 젤라틴 및 바다 이끼가 섞인 중간 크기의 그릇에 천천히 휘젓습니다.

e) 모든 것이 결합되고 용해되면 드로퍼를 사용하여 구미 몰드를 채웁니다. 냉장고에 넣어 최소 2 시간 동안 굳힙니다. 금형에서 조심스럽게 제거하고 즐기십시오

79. 콤부차 구미

분량: 4 인분

재료:

- 해초 2 큰술
- 끓는 물 ½ 컵
- 생꿀 3 큰술
- 콤부차 3 컵(선택한 맛)

지침:

a) 끓는 물과 해초를 고속 블렌더에 넣고 30 초간 갈아줍니다.
b) 꿀을 넣고 다시 30 초 동안 혼합합니다.
c) 콤부차를 넣고 다시 30 초간 블렌딩합니다.
d) 혼합물을 8×8 유리 접시 또는 실리콘 몰드에 붓고 2 시간 동안 냉장 보관합니다.
e) 원하는 모양으로 잘라 맛있게 드세요.

80.   수제 구미 스낵

만든다: 16

재료:

- 사탕 무우 주스 1 컵, 무설탕
- 해초 가루 2 큰술
- 실리콘 캔디 몰드

지침:

a) 주스를 작은 냄비에 붓습니다. 주스가 매우 따뜻하지만 끓지 않을 때까지 부드럽게 가열합니다.

b) 불을 끄고 미역가루를 즙에 천천히 부어가며 잘 섞이도록 저어줍니다.

c) 혼합물을 실리콘 몰드나 코코넛 오일로 아주 살짝 기름칠한 8 인치 x 8 인치 유리 베이킹 접시에 붓습니다.

d) 홈메이드 구미 스낵을 최소 2 시간 동안 냉장 보관한 다음 틀에서 꺼내세요.

e) 틀을 풀기 전에 15 분 동안 얼려두는 것이 좋습니다.

81. 타르트 체리 라임 구미 캔디

분량: 16 인분

재료:

- 유기농 타르트 체리 주스 $\frac{3}{4}$ 컵
- $\frac{1}{4}$ 컵 신선한 압착 라임 주스 긴장
- 생꿀 2 큰술
- 바다 이끼 젤 3 큰술

지침:

a) 냄비에 주스를 중불로 뜨거워지지만 끓지 않을 때까지 가열합니다.

b) 열을 가장 낮은 설정으로 낮추고 완전히 녹을 때까지 꿀을 휘젓습니다.

c) 이제 해초 젤을 휘젓습니다. 완전히 녹을 때까지 약 10 분간 계속 저어줍니다.

d) 열에서 제거하고 조심스럽게 액체를 젤리 몰드로 옮깁니다.

e) 틀이 없으면 미니 라이너가 깔린 미니 머핀 팬이나 기름을 살짝 바른 8 x 8 인치 베이킹 접시를 사용할 수 있습니다.

f) 단단해질 때까지(1-2 시간) 냉장 보관한 다음 꺼내서 즐기세요!

음료수

82. 자메이카 바다이끼 음료

분량: 8 인분

재료:

- 바다 이끼 젤
- 1 컵 아몬드 우유는 코코넛 우유를 사용할 수 있습니다.
- 기호에 따라 선택 가능한 코코넛 연유
- 코코넛 넥타, 아가베 넥타 또는 메이플 시럽 $\frac{1}{4}$ 컵
- 육두구 $\frac{1}{8}$ 작은술
- $\frac{1}{8}$ 티스푼 계피
- 바닐라 1 티스푼

지침:

a) 아몬드 우유, 바닐라, 향신료, 아가베와 함께 해초 페이스트 $\frac{1}{2}$ 컵에 4 큰술을 넣고 고속 블렌더에 넣습니다.

b) 부드러운 일관성으로 혼합하십시오.

c) 그에 따라 봉사하십시오.

83. 딸기아끼쉐이크

분량: 4 인분

재료:

- 브라질너트 우유 2 컵
- 바다이끼 젤 $\frac{1}{4}$-$\frac{1}{2}$ 컵
- 냉동 딸기 $\frac{1}{2}$ 컵
- 아가베 넥타 $\frac{1}{4}$ 컵
- 바닐라 1 티스푼

지침:

a) 부드러워질 때까지 강하게 블렌딩합니다.

b) 즐기다!

84. 바디어끼 바나나 스무디

분량: 4 인분

재료:

- 냉동 바나나 2 개
- 움푹 패인 날짜 2-3 개
- ¼ 컵 유기농 대마 씨앗
- 해초 3 큰술 준비
- 계피 ¾ 작은술
- 육두구 ¼ 작은술
- 바닐라 1 티스푼
- 카다멈 2 꼬집
- 검은 후추 열매 3-5 개
- 6-8 얼음 조각
- 여과수 1.5~2 컵
- 바다 소금 한 꼬집
- 재거리 ½ 작은술

지침:

a) 모든 재료를 블렌더에 넣고 물은 마지막에 남겨둡니다.
b) 블렌더에 내용물이 있는 만큼만 물을 추가합니다.
c) 물을 너무 많이 넣으면 걸쭉하고 푹신하지 않습니다.
d) 너무 걸쭉하면 언제든지 물을 더 추가하여 원하는 농도로 만들 수 있습니다.

85. 딸기 바나나 스무디

분량: 4 인분

재료:

- $\frac{1}{2}$ 컵 생 아몬드 또는 호두
- 딸기 $\frac{1}{4}$ 컵
- 물 4 컵
- $\frac{1}{2}$ 아기 또는 당나귀 바나나
- 바다이끼 스무디 블렌드 1 큰술
- 대추야자, 아가베 $\frac{1}{2}$ 컵 또는 퓨어 메이플 시럽 $\frac{1}{2}$ 컵으로 맛을 내십시오.

지침:

a) 부드럽고 크리미해질 때까지 모든 재료를 혼합합니다.
b) 즐기다.

86.   망고모스 스무디

분량: 4 인분

재료:

- 생 아몬드 또는 호두 $\frac{1}{2}$ 컵
- 물 4 컵
- 냉동 망고 1 $\frac{1}{2}$ 컵
- 바다이끼 스무디 블렌드 1 큰술
- 대추야자, 아가베 $\frac{1}{2}$ 컵 또는 퓨어 메이플 시럽 $\frac{1}{2}$ 컵(원하는 경우)으로 맛을 내십시오.

지침:

a) 부드럽고 크리미해질 때까지 모든 재료를 혼합합니다.
b) 즐기다.

87. 바다 이끼를 뿌린 수박 슬러시

만든다: 2

재료:

씨모스 젤

- 말린 해초 1 컵
- 물 2 컵

수박 슬러쉬

- 씨없는 수박 2 컵 (완전히 얼려주세요)
- 얼린 딸기 1 컵
- 수제 바다 이끼 젤 $\frac{1}{4}$ 컵
- 즙을 낸 통라임 1 개와 장식용 라임 웨지 또는 휠 2 개
- 물 $\frac{1}{4}$ 컵, 필요한 경우 1~2 큰술 추가
- 라이트 아가베 넥타 2 큰술
- 10 개의 신선한 민트 잎과 장식용 추가

지침:

씨모스 젤

a) 바다 이끼를 아주 잘 헹구어 남아 있을 수 있는 이물질을 제거합니다. 그런 다음 깨끗한 물에 30 분 동안 담가둡니다. 이것을 한 번 더 반복하십시오.

b) 1 단계를 완료한 후 미역을 깨끗한 물(수돗물은 사용하지 마세요)에 담가 하룻밤 또는 최소 10 시간 동안 냉장고에 넣어둡니다. 해초가

약간의 물을 흡수함에 따라 약간 커지기 때문에 해초가 그것을 덮고 있는 충분한 물을 가지고 있는지 확인하십시오.

c) 다음날 물을 빼고 해초를 깨끗한 물 2 컵과 함께 고성능 믹서기에 넣습니다. 매우 부드러워질 때까지 높은 속도로 블렌딩합니다.

d) 젤을 큰 메이슨 병에 붓고 냉장고에 최대 4 주 동안 보관하세요. 해초 젤이 차가워지면 약간 걸쭉해집니다.

수박 슬러셔

e) 모든 재료를 고성능 블렌더에 넣고 매우 부드러워질 때까지 갈아줍니다!

f) 라임 웨지와 신선한 민트 잔가지로 장식하세요

88. 크리미한 코코아 모스

만든다: 3

재료:

- 물 3 컵
- 생 아몬드 또는 호두 1 줌
- 코코넛 버터 1 큰술
- 아보카도 1 개
- 코코아 모스 1 큰술
- 날짜로 달게
- 계피 & 육두구 $\frac{1}{2}$ 작은술

지침:

a) 부드럽고 크리미해질 때까지 모든 재료를 혼합합니다.

b) 즐기다.

89. 뜨거운 바다이끼 스무디 블렌드

분량: 2 인분

재료:

- 바다이끼 스무디 블렌드 $\frac{1}{2}$ 큰술
- 아가베/ 퓨어 메이플 시럽 $\frac{1}{4}$ 컵
- 바닐라 익스트랙 $\frac{1}{2}$ 티스푼
- 호두 3 큰술 (선택사항)
- 끓인 물 1 쿼트

지침:

a) 모든 재료를 높은 곳에서 혼합합니다.
b) 즐기다!

90.   비건 초콜릿 밀크쉐이크

만든다: 2

재료:

- 바다 이끼 젤 4 큰술
- 냉동 바나나 3 개
- 아몬드 우유 1.5 컵
- 날짜 2 개
- 무가당 코코아 가루 2 큰술
- 바닐라 1 티스푼
- 계피 $\frac{1}{2}$ 티스푼

지침:

a) 부드러운 질감이 될 때까지 모든 재료를 동시에 섞습니다.

b) 밀크쉐이크를 대접하고 비유제품 초콜릿, 계피, 과일과 같은 선호하는 토핑을 추가하십시오.

91. 녹색 바다이끼 시금치 스무디

분량: 2 인분

재료:

- 아몬드 우유 2 컵
- 냉동 바나나 1 개
- 냉동 망고 2 컵
- 시금치 1 컵
- 유제품이 아닌 요거트 $\frac{1}{2}$ 컵
- 해초 2 큰술

지침:

a) 믹서기에 모든 재료를 추가합니다.
b) 부드러운 농도가 될 때까지 혼합합니다.

92. 바다이끼 파인애플 스무디

만든다: 2

재료:

- 파인애플 2 컵
- 좋아하는 해초 맛 1-2 큰술
- 코코넛 워터 4 컵
- 아가베 맛
- 추가 킥을위한 작은 생강 조각은 선택 사항입니다.

지침:

a) 믹서기에서 모든 재료를 섞습니다.
b) 원하는 농도가 될 때까지 코코넛 워터를 더 추가합니다.

93. 바다이끼 스무디

분량: 2 인분

재료:

- 바다이끼 젤 2 큰술
- 1 바나나
- 아몬드 우유 2 컵
- 바닐라 익스트랙 1 티스푼
- $\frac{1}{8}$ 티스푼 계피
- 육두구 $\frac{1}{8}$ 티스푼
- 호박씨 2 큰술
- 아마씨 2 큰술
- 해바라기씨 2 큰술
- 필요에 따라 꿀이나 아가베를 추가합니다.

지침:

a) 부드러워질 때까지 혼합합니다.
b) 즐기다.

94.   애플 스파이스 스무디

분량: 2 인분

재료:

- 중간 크기 사과 1 개
- 계피 $\frac{1}{2}$ 큰술
- 아몬드 우유 1 컵
- 그릭요거트 1 컵
- 바다이끼 젤 2 큰술
- 얼음

지침:

a) 스무디에 넣을 중간 크기의 사과와 계피 반 스푼으로 시작하십시오.

b) 스무디 베이스로 우유나 아몬드 우유를 원할 것입니다. 어떤 사람들은 풍미를 위해 꿀을 첨가하는 것을 좋아합니다.

c) 그릭 요거트 한 컵을 추가하여 풍미를 더하고 바다 이끼를 추가하여 음료를 걸쭉하게 만듭니다.

d) 가능한 한 많은 얼음과 함께 블렌더에 모두 넣고 원하는 농도로 혼합합니다.

95.   바다이끼 블랙베리 스매쉬

만든다: 1

재료:

- 블랙베리 1 주먹
- 바다이끼 젤 2 큰술
- 코코넛 크림 3 큰술
- 라임 주스 2 큰술
- 얼음 $\frac{1}{2}$ 컵

지침:

a) 유리잔 바닥에 블랙베리를 섞으세요

b) 으깬 블랙베리 위에 얼음을 올려주세요

c) 믹스 얼음, 해초젤, 코코넛크림, 코코넛워터, 라임

d) 믹서를 컵에 붓고 즐기세요

96. 파인애플 생강 주스

분량: 4 인분

재료:

- 중간 파인애플 1 개의 파인애플 덩어리 4 컵
- 생강 뿌리 2 인치를 씻어서 대충 다진 것
- 레몬 1 개
- 얼음 1 컵
- 바다이끼 젤 2 큰술
- 물 2 컵

지침:

a) 재료를 믹서기에 넣습니다.
b) 부드러운 페이스트로 혼합하십시오. 과육을 제거하기 위해 고운 체나 거즈를 통과시킵니다.
c) 즉시 봉사하십시오.

97. 수박 바다이끼 음료

분량: 2 인분

재료:

- 수박주스 2 컵
- 바다이끼 젤 2 큰술
- 민트
- $\frac{1}{2}$ 라임

지침:

a) Sea Moss 젤, 민트, 라임을 컵에 넣고 머들합니다.

b) 수박 주스를 컵에 붓습니다.

c) 필요에 따라 얼음을 추가합니다.

98. 바다이끼 레모네이드

분량: 2 인분

재료:

- 5 레몬
- 바다이끼 젤 4 큰술
- 물 3 컵
- 1 컵 허니 슈가시럽
- 바다이끼 물 1 컵

지침:

a) 바다이끼 젤 만들기
b) 레몬즙과 해초수를 섞는다
c) 바다이끼 젤 추가
d) 꿀 슈가시럽 추가
e) 잘 섞어서 즐기세요

99. 오렌지 바다 이끼 차

분량: 2 인분

재료:

- 샘물 1 쿼트
- 주스 3 오렌지 (선택 사항)
- 바다이끼 스무디 블렌드 $\frac{1}{2}$ 큰술
- B 등급 메이플 시럽 또는 아가베 넥타 $\frac{1}{4}$ 컵

지침:

a) 믹서기에 모든 재료를 추가합니다.

b) 높은 혼합

c) 위에 계피를 뿌린다.

100. 바다이끼 점액 버스터 차

분량: 2 인분

재료:

- 물 3 컵
- 1 계피 스틱
- 카이엔 고추 1 꼬집
- 바다이끼 스무디 블렌드 $\frac{1}{2}$ 큰술
- 신선한 생강 1 개를 잘게 썬다

지침:

a) 모든 재료를 함께 끓이고 물기를 뺀 다음 약 10-15 분 동안 끓입니다.

b) 키 라임 1 개의 주스를 추가합니다.

c) 식혀서 따뜻하게 마신다.

결론

2,000 년 이상 동안 사람들은 시모스 를 수확하여 일반적인 감기부터 통증에 이르기까지 모든 것을 치료하는 데 사용했습니다. 해초에는 요오드, 철, 아연 등 우리 몸이 번성하는 데 필요한 102 가지 미네랄 중 무려 92 가지가 함유되어 있는 것으로 밝혀졌습니다. 식단에 포함시키면 염증을 줄이고 과도한 점액을 제거하며 호흡기 및 소화관을 개선하는 데 도움이 될 수 있습니다.

축하합니다. 궁극의 시모스 요리책을 끝까지 읽으셨습니다! 우리는 당신이 해초와 시모스 의 놀라운 세계를 발견하는 것을 즐겼고 이 영양이 풍부한 재료를 일상적인 요리에 통합하기 위한 많은 영감을 찾았기를 바랍니다.

우리는 해초로 요리하는 것이 어떤 사람들에게는 새로운 경험이 될 수 있다는 것을 알고 있지만, 이 요리책이 이 재료가 얼마나 다재다능하고 맛있을 수 있는지 보여주었기를 바랍니다. 식사의 영양을 높이고 싶든, 요리에 독특한 풍미를 더하고 싶든, 새로운 요리의 지평을 개척하고 싶든, 해초는 주방에 두어야 할 환상적인 재료입니다.

성공적인 김 요리의 핵심은 고품질 김을 선택하고 조리법을 면밀히 따르고 다양한 맛과 질감을 실험하여 자신만의 고유한 요리를 만드는 것임을 기억하십시오. 해초 요리 모험에 대해 듣고 싶습니다.

이 요리책이 마음에 드셨다면 다른 책에서 더 맛있는 요리법과 요리 영감을 확인하십시오. 이 여정에 함께 해주셔서 감사합니다. 즐거운 요리하세요. 바다 이끼는 진정으로 바다의 보물이며 이제 이끼를 잡을 시간입니다!

Milton Keynes UK
Ingram Content Group UK Ltd.
UKHW020702310723
426074UK00017B/1142